中小企业网络融资的
理论与实证

朱清香 许 楠 陈阳阳 著
王立岩 主审

机械工业出版社

本书围绕中小企业网络融资展开讨论，通过对网络融资、网贷平台等相关概念的界定，明确了本书的研究对象和研究范围；在回顾相关理论和方法的基础上，从融资方式选择、融资效率和P2P网络平台竞争力三个方面进行了实证研究；之后开展了P2P网贷平台风险预警和企业信用评价研究；最后，根据研究结论，对提升中小企业网络融资水平提出了建议。

本书的研究成果一方面丰富了中小企业网络融资的相关理论，另一方面为解决中小企业融资难、融资贵的问题提出了建议和对策，具有一定的理论价值和现实意义。可供高校和科研机构作为学术研究参考，也可为企业实践和政府决策提供借鉴。

图书在版编目（CIP）数据

中小企业网络融资的理论与实证／朱清香，许楠，陈阳阳著．—北京：机械工业出版社，2019.6
　ISBN 978－7－111－63124－8

Ⅰ．①中⋯　Ⅱ．①朱⋯　②许⋯　③陈⋯　Ⅲ．①互联网络-应用-中小企业-企业融资-研究-中国　Ⅳ．①F279.243-39

中国版本图书馆 CIP 数据核字（2019）第 133908 号

机械工业出版社（北京市百万庄大街22号　邮政编码100037）
策划编辑：刘鑫佳　　责任编辑：刘鑫佳
责任校对：张晓蓉　　封面设计：陈　沛
责任印制：孙　炜
天津翔远印刷有限公司印刷
2019 年 8 月第 1 版第 1 次印刷
169mm×239mm・12.5 印张・220 千字
标准书号：ISBN 978－7－111－63124－8
定价：49.80 元

电话服务　　　　　　　　　　　网络服务
客服电话：010－88361066　　　机　工　官　网：www.cmpbook.com
　　　　　010－88379833　　　机　工　官　博：weibo.com/cmp1952
　　　　　010－68326294　　　金　书　网：www.golden-book.com
封底无防伪标均为盗版　　　机工教育服务网：www.cmpedu.com

前　言

中小企业是我国国民经济增长的中坚力量，长期以来，作为我国经济灵活的、市场化的核心之一蓬勃发展。融资问题一直是众多中小企业发展的瓶颈，我国国有商业银行信贷支持和股票市场上市的企业主要是大型企业，在这样的融资环境下，中小企业难以获得银行信贷支持，转而投向传统非银行金融机构、P2P平台等各种金融机构进行融资。因此，开展中小企业网络融资的研究，具有很好的理论和现实意义。

本书共八章：第一章概述网络融资与P2P网贷平台，第二章介绍中小企业网络融资研究的理论与方法，第三章介绍中小企业融资方式选择的实证研究，第四章介绍中小企业网络融资效率的实证研究，第五章介绍P2P网贷平台竞争力研究，第六章介绍P2P网贷平台风险预警研究，第七章介绍P2P网贷平台上的企业信用评价，第八章提出了提升中小企业网络融资水平的建议。

本书主要有三个特点。一是在结构设计上，分别从中小企业融资方式、网络融资效率、信用评价以及网贷平台竞争力、风险预警等角度展开研究，涵盖了中小企业网络融资的所有重要环节，便于读者学习领会和实践操作。二是在研究设计上，本书从中小企业网络融资的五个重要方面展开实证研究，是对该领域研究的理论延伸和实践探索，丰富了中小企业网络融资的研究成果。三是在内容设计上，对每个问题都进行了研究综述、理论梳理、现状分析和实证研究，保证结论分析的严谨性，也为学者们进一步研究和探讨提供了借鉴。

本书由河北工业大学经济管理学院朱清香教授、许楠副教授、陈阳阳讲师合著，由天津社会科学院经济分析与预测研究所王立岩研究员主审。第一章到第四章由朱清香教授撰写，第五章到第七章由许楠副教授撰写，第八章由陈阳阳讲师撰写。河北工业大学人工智能与数据科学学院刘晶教授，燕山大学图书馆谢姝琳助理研究员，朱清香教授指导的硕士研究生王莹、何洁、王莉、刘亭妤和许楠副教授指导的本科生曹齐芳等参与了前期课题研究，并提供了许多宝贵资料。河北工业大学经济管理学院研究生邹涛和崔晓敏在本书资料和数据的收集与整理、文稿的修改等方面做了大量的工作，研究生赵文辉、张蓓蕾、高阳也参与了本书查阅资料和修改文稿等工作。在此一并表示感谢！

本书参阅了大量中小企业网络融资方面的经典著作以及国内外企业网络融资方面的最新研究成果，在此一并向相关作者表示衷心的感谢。由于作者水平有限，本书在撰写过程中难免存在错误和不当之处，恳请各位专家和读者批评指正。

作　者

目 录

前言

第一章　网络融资与 P2P 网贷平台概述 ……………………………… 001

第一节　网络融资 ……………………………………………………… 001
一、网络融资的概念 ……………………………………………… 001
二、融资效率的概念 ……………………………………………… 002
三、网络融资研究综述 …………………………………………… 004

第二节　P2P 网贷平台 ………………………………………………… 011
一、P2P 网贷平台的概念 ………………………………………… 011
二、P2P 网贷平台的模式 ………………………………………… 012
三、P2P 网贷平台研究综述 ……………………………………… 013

第二章　中小企业网络融资研究的理论与方法 ……………………… 016

第一节　融资理论概述 ………………………………………………… 016
一、资本结构理论 ………………………………………………… 016
二、逆向选择理论 ………………………………………………… 017
三、道德风险理论 ………………………………………………… 017

第二节　信息不对称理论 ……………………………………………… 018
一、信息不对称理论的内容 ……………………………………… 018
二、信息不对称的风险 …………………………………………… 019
三、博弈论基础 …………………………………………………… 021

第三节　融资效率评价方法 …………………………………………… 024
一、评价方法简介 ………………………………………………… 024
二、评价方法比较分析 …………………………………………… 025

第四节　网络融资风险预警方法 ……………………………………… 027
一、风险预警的理论基础 ………………………………………… 027
二、风险预警方法选择 …………………………………………… 028

第三章　中小企业融资方式选择的实证研究 ……………………… 033

第一节　中小企业融资现状分析 ……………………………………… 033
一、中小企业发展现状 …………………………………………… 033
二、中小企业融资特点 …………………………………………… 035
三、融资方式新趋势 ……………………………………………… 038

第二节　中小企业融资存在的问题及成因 …………………………… 039
一、中小企业融资存在的问题 …………………………………… 040
二、中小企业融资难的成因 ……………………………………… 043

第三节　中小企业融资方式选择的博弈分析 ………………………… 046
一、企业与银行的博弈分析 ……………………………………… 046
二、企业与民间投资者的博弈分析 ……………………………… 051

第四章　中小企业网络融资效率的实证研究 …………………… 056

第一节　影响中小企业网络融资效率的因素分析 …………………… 056
一、融资期限及利率 ……………………………………………… 056
二、信用等级及审核项目 ………………………………………… 057
三、历史成功次数 ………………………………………………… 057

第二节　中小企业网络融资现状 ……………………………………… 058
一、全国中小企业网络融资现状 ………………………………… 058
二、河北省中小企业网络融资现状 ……………………………… 061
三、河北省中小企业网络融资存在的问题 ……………………… 065

第三节　河北省中小企业网络融资效率评价 ………………………… 070
一、DEA 模型构建 ………………………………………………… 070
二、评价指标的选取 ……………………………………………… 074
三、数据来源及其处理 …………………………………………… 076
四、实证结果及分析 ……………………………………………… 076

第五章　P2P 网贷平台竞争力研究 ……………………………… 087

第一节　P2P 网贷平台竞争力诊断模型构建 ………………………… 087
一、改进四分图概念模型 ………………………………………… 087
二、竞争力指标选取 ……………………………………………… 089
三、指标量化方法 ………………………………………………… 090

第二节 P2P 网贷平台竞争力实证分析 091
一、竞争力评价 092
二、重要性评价 092
三、"重要性—竞争力"诊断模型综合评价 093

第三节 P2P 网贷平台竞争力关键要素解析 095
一、短期产品规模 095
二、高杠杆风险 096
三、资金分散程度 096
四、信息公开透明度 096

第六章 P2P 网贷平台风险预警研究 097

第一节 民营系 P2P 网贷平台风险现状及成因分析 097
一、民营系 P2P 网贷平台发展现状 097
二、民营系 P2P 网贷平台风险现状 098
三、民营系 P2P 网贷平台风险成因分析 108

第二节 P2P 网贷平台风险预警指标体系构建 109
一、指标选取原则 109
二、指标体系确定 110
三、样本选择及数据来源 112

第三节 P2P 网贷平台风险预警的实证分析 113
一、主成分因子的提取 113
二、风险预警模型的构建和检验 126
三、实证结果分析 129

第七章 P2P 网贷平台下企业信用评价 131

第一节 河北省涉农企业信用评价现状及问题分析 132
一、河北省涉农企业融资现状分析 132
二、河北省涉农企业信用评价现状及问题 134
三、河北省涉农企业信用评价存在问题的原因分析 136

第二节 P2P 网贷平台下涉农企业信用评价体系构建 137
一、P2P 网络借贷平台下河北省涉农企业信用评价构思 137
二、涉农企业信用评价指标体系构建 140

    三、涉农企业信用评价指标权重向量的确定 ·················· 143
    四、基于模糊数学的涉农企业信用综合评价 ·················· 148
  第三节 P2P 网贷平台下涉农企业信用评价体系运用 ············· 151
    一、涉农企业基本状况 ··· 151
    二、信用评价数据获取及指标选择 ······································· 153
    三、信用指标权重向量的确定 ··· 158
    四、运用模糊数学综合评价法评价企业信用分数 ············ 165
    五、涉农企业综合信用等级与评价 ······································· 167

第八章 提升中小企业网络融资水平的建议 ···················· 168

  第一节 信息不对称条件下中小企业融资建议 ····················· 168
    一、中小企业融资方式选择优化 ··· 168
    二、中小企业内部融资环境优化 ··· 170
    三、中小企业外部融资环境优化 ··· 171
  第二节 提升中小企业网络融资效率的建议 ························ 173
    一、企业制定合理的网络融资方案 ····································· 173
    二、网贷平台加强风险防范体系建设 ································· 174
    三、建立政府对网络融资的法律监管 ································· 175
  第三节 加强 P2P 网贷平台风险预警的建议 ······················· 177
    一、优化政府监督管理机制体制建设 ································· 177
    二、加强 P2P 网贷平台内外部风险防控 ························· 179
    三、完善 P2P 网贷平台下企业信用评价的建议 ············ 180

参考文献 ··· 185

第一章
网络融资与 P2P 网贷平台概述

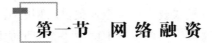

第一节 网络融资

中小企业在我国国民经济中占据着重要地位。随着我国经济体制的改革和经济的发展,在市场环境中经营成本上升、物流不畅和从紧货币政策的影响下,融资难开始成为制约中小企业快速健康发展的重要因素。在我国,网络融资虽然是近几年才发展起来的新型融资方式,但是其金融规模不断扩大。它在解决信息不对称问题、风险监测及借款利率等方面与传统的融资方式存在明显差异。我国中小企业正在试图用网络融资来改变其筹资困难的局面。

一、网络融资的概念

(一)网络融资的概念界定

广义的网络融资是指通过网络为企业或者个人与债权人之间实现借贷的活动,包括企业与商业银行等金融机构通过网络的借贷活动、电子商务平台与自身注册用户之间的借贷活动和 P2P 网络借贷(P2P 网贷)等。其中,以银行为主体的网络借贷与传统银行的借贷相比,只是将借款的某些流程通过网络实现,没有改变银行的主体地位;以电商为主体的网络借贷则依托于其拥有的注册用户的历史信用信息,其服务范围仅限于自身的客户。

狭义的网络融资单纯指 P2P 网络融资,这种方式是指借款者和贷款者都可以通过互联网借贷公司在网上实现融资,融资过程不涉及线下活动,而是完全的线上交易。P2P 网络借贷,顾名思义即为个人对个人的网络借款。借款者和贷款者将彼此所需要的资料交由第三方网贷平台审核，资金的发放、合同的签订和借款的归还全部通过网络实现，是真正意义上的线上网络借贷。

（二）网络融资的特点

与传统融资相比，无论是广义的网络融资还是狭义的网络融资，都有着网络融资的新特点。首先，网络融资无须中小企业提供担保。在传统的融资过程中，中小企业缺乏担保导致其在向银行借款过程中屡屡碰壁，而电子商务平台利用自身优势，通过收集中小企业在平台上的交易记录，对它们进行信用评价，最终形成有效的信用评价体系；在良好的信用记录条件下，中小企业无须提供担保即可得到所需资金。有的融资模式要求中小企业提供新型的担保，所谓新型的担保是指中小企业之间的网络联保，由两家以上的中小企业形成网络联保体，体内成员之间相互制约、彼此监督，并对贷款附有无限连带责任，巧妙地化解了中小企业缺乏担保的难题。其次，网络融资交易周期短、手续便捷、成本低且成功率高。传统融资中，银行出于降低风险的考虑，需要经过较长时间并投入较多资源对中小企业进行严格的审核，银行的这种付出最终会转嫁为中小企业的融资成本。而网络融资解决了这种信息不对称问题，借贷双方都可以通过第三方平台获得各自所需的信息，不仅简化了手续、节省了融资的时间，而且降低了成本。最后，网络融资的目标客户为中小企业。中小企业在融资过程中呈现需求急、期限短、数额小、频率高的特点，与网络融资的新特点相匹配，网络融资为了避免与商业银行争夺大客户的局面，将目标锁定在被银行忽视的中小企业上。

二、融资效率的概念

（一）效率的概念

"效率"一词最早应用于经济学，是经济学研究的核心问题和落脚点。在古典经济学中最早提出效率这一概念的是法国学者弗朗斯瓦·魁奈，他使用的是"生产率"一词。其后，亚当·斯密分析了如何通过分工和专业化来提高劳动生产率，进而增加国家的经济财富。马克思在继承和批判前人研究成果的基础上，把效率的概念定义为投入和产出之间的一种数量关系，即，若希望获得最高的效率，就要使劳动时间最小化的同时创造的物质财富达到最大化。

在经济学中，效率的概念由三个方面构成：第一是成本效益比率，即从微观角度，用成本支出除以收益来表示的效率。成本效益比率的表现形式可以分为两种：一种是以单位资源为基础，计算单位资源的投入和产出比例关系；另一种是以单位时间为基础，计算单位时间的产出来确定效率。第二是资源的配置效率，也称帕累托最优，是一种最佳的资源配置情况，即假设一定数量的人和一定的可配置资源，在所有人的情况都不变差的条件下，通过转换不同的配置方法，使至少一人的状态变优。配置效率从全社会资源是否得到合理利用的宏观角度出发，在不同使用人和不同目的条件下，判断经济资源的合理利用情况。第三是制度效率，即当前经济体制对第一和第二的影响以及经济体制自身的有效性评估。这种制度安排引导着微观概念向宏观概念发展。

在经济学中效率概念的三个方面面向的对象是不同的。第一方面研究的是微观经济主体的资源利用率，是微观经济效率；第二方面研究的是整个社会的资源配置，是宏观经济效率；第三方面研究的是经济体制对上述两种效率的影响和引导作用，是制度安排效率。三个方面均从资源的合理利用出发，但研究的角度和对象不同。效率的经济学概念为研究企业的融资效率提供了依据，但由于三个方面各自的研究对象不同，应该具体问题具体分析，不能直接照搬经济学中效率的概念来研究企业的融资效率。

（二）融资效率的概念界定

融资效率建立在经济学中效率概念的基础上。融资效率的研究对象是微观主体，即企业；融资效率的研究内容是企业为进行生产经营而进行的融资过程，是以资金作为资源进行的新的配置过程。目前，我国学者对于企业融资效率的概念尚未给出明确统一的解释，大多数学者是从企业融资量角度或从融资经济效果角度来解释的，从融资质的角度来诠释融资效率的情况较少。研究融资效率的内涵应从三个方面入手，即，融资效率关于量的角度、融资效率关于质的角度和融资制度安排角度。

首先，从融资量的角度阐述融资效率的概念，即企业为生产经营活动通过各种融资工具融到自身所需的资金数量和选择最优的融资工具及融资途径的能力。表现为企业经营活动以最低的成本取得资金的同时，把风险控制在合理适度的范围内。然而，在一定期间内，融资成本受客观市场环境的影响，所以，从广义上讲，融资效率量是企业自身经营管理和市场资金供给机制一同作用的结果，其中的影响因素包括企业融资的能力、企业适应资金供给市场的能力和市场机制制度安排的合理性情况。其次，从融资质的角度阐述融资效率的概念。融资质即企业融通到所需的资金后是否合理有效地利用了资金。融资质侧重于研究企业后期对资金的使用情况。资金的使用可以分为运用资金带来盈利的过程和运用资金使其增值的过程，显而易见我们多数是研究盈利的过程，只有当盈利收益高于融资成本，融资才是有效率的，而并非融资成本越低融资效率越高，即使融资成本再低却没有经营收益的弥补，融资也是无效率而言的。最后，从融资制度安排角度阐述融资效率的概念，即企业自身融资体制的情况和经济大环境的状态，这两方面从宏观的角度影响着融资量的效率和融资质的效率。

（三）网络融资效率的概念界定

融资效率按融资方式和融资政策，可以分为债权融资效率、股权融资效率和融资政策的选择效率。显而易见，网络融资是企业通过债权融资的一种方式，所以网络融资效率属于债权融资效率研究的范畴。根据债务融资效率的概念，网络融资效率是指企业在不同的治理结构模式下，通过网络融资这种债务融资方式，在最大限度节约成本的同时，以适度的风险为企业融入发展和建设所需的资金，并运用这部分资金为企业带来最大的收益。

三、网络融资研究综述

（一）国外研究现状

1. 网络融资起源及模式研究

网络融资作为一种较为新型的融资方式最早起源于国外。随着 Yunus（2006）"穷人联保模式"理论逐渐被大众所接受，这为网络融资的产生和发展提供了思想基础[1]。伴随着互联网技术的快速发展，这种联保思想使得网络融资成为可行的融资方式。英国的 Richard Duvall 和 James Alexander 等在 2005 年创建了最早的网络融资 Zopa。网络融资的兴起与中小企业自身的特点二者一拍即合，Agarwal 和 Hauswald（2008）认为正是由于小规模企业的信用程度低，缺乏有效担保进而选择了网络融资[2]。

在国外，通过互联网融资的模式有以下几种：首先，是以 Prosper 为代表的单一中介型，出借人根据平台提供的借款人信息做出信用评价，然后出借人依据信用评价给出自己的目标利率来找到适合的借款者，最后由平台将相对利率最低的出借人款项打包整合汇入借款人手中。平台则通过向借贷双方收取不同比例的手续费来赚取收入。其次，是以 Zopa 为代表的复合中介型，Zopa 参与融资过程中的所有借贷事项，包括法律事务、信用评价以及风险管理等，Zopa 的收入来源于收取借款人每笔 0.5% 以及出借人年借款额 0.5% 的服务费。还有一种是以 Kiva 公司为代表的不以营利为目的借贷平台，其服务的对象多数为融资困难的成本规模很低的企业。通常采用的模式为大量借款人分别少量出资共同组成借款人所需的资金。Steelmann（2006）认为虽然有多种网络贷款形式，但是通过网络融资有着相同的特征：第一，融资过程通过交易平台进行，因而双方必然在信息上是不对等的；第二贷款不需要抵押从而产生信用风险[3]。Herzenstein 和 Dholakia 等（2011）通过对 P2P 网贷模式中投资者竞标行为的研究，认为 P2P 网贷平台上的羊群效应可以降低信用风险[4]。Hauswald 和 Agarwal（2010）研究指出互联网融资模式有着相对较低的信用评级要求，深受小微企业喜欢[5]。Sonenshein 和 Herzenstein 等（2011）通过实证分析的方法，对网络借贷模式中哪些因素对借款成功率产生影响进行了研究，得出了性别和职位等个人资料内容几乎不产生作用的结论[6]。Mollick（2014）认为互联网技术的应用使得融资服务更加便捷，范围更广，更加依托数据库技术提升产品的个性化[7]。Donald（2016）认为在创业阶段的高新技术企业融资模式以内源融资模式为主，而传统企业融资更倾向于选择可以依靠抵押资产向传统金融机构贷款的方式[8]。

2. 网络融资效率的影响因素研究

国外对于网络融资效率的影响因素研究主要基于 Prosper 平台上的公开数据，在理论研究方面的成果主要有以下几项。Garman 和 Hampshire 等（2008）研究发现，网贷平台如同一个大的资金市场，出借人可通过支付高利率来弥补自身信用水平的不足，市场上自然形成的团体可以降低借款人的融资成本，这说明贷款人信用和团体的形成可以影响借款的效率[9]。Bharath 和 Pasquariello 等（2009）认为网络融资是通过虚拟的市场进行的，所以相互的信任就成为交易顺利进行的重要保证[10]。Collier 和 Hampshire（2010）认为网络社区里的个人声誉和名声可以减少信息不对称问题，进而影响融资效率[11]。Herzenstein 和 Sonenshein 等（2011）认为借款项目中的个人陈述如果体现其高信用水平和可靠性，这能够有效影响出借者的决策[12]。Lee（2012）发现借款者参与投标的频率越高，与投资者之间的互动越多，越容易吸引投资者参与投标，即匹配效率越高[13]。Khoase 和 Govender（2013）通过调查 219 名中小微型企业，发现企业所有者和管理者的融资观念是企业融资的一项重要影响因素，如果企业管理者对融资不重视，会在一定程度上影响企业融资的可获得性[14]。Duarte 和 Siegel（2016）认为对于互联网金融而言，融资业务可持续发展的重要影响因素在于信用，当银行对贷款人员的限制形成了一个整体，便可以降低借贷风险，促进资金流动，提高融资效率[15]。Wang 和 Geng 等（2017）研究发现非国有上市公司的融资效率明显高于国有上市公司，政府干预程度越大，政府、金融发展和信用文化对不同类型公司融资效率的影响越大[16]。

在实证研究方面的研究成果可分为两类：一类是借款人的"软信息"对融资效率的影响；另一类是借款人的"硬信息"对融资效率的影响。

"软信息"是指网络借贷市场上借款人的社会资本。Herzenstein 和 Andrews 等（2008）认为借款人的社会网络关系对借贷活动会产生很大的影响，而且如果借款人在现实生活中与贷款人之间有关系人时，贷款的成功率会提高，违约率会下降[17]。Lin（2009）认为人与人之间的社会关系可有效降低网络融资过程中信息不对等的程度，提高网络融资的效率[18]。Lin 和 Prabhala 等（2009）通过分析借贷平台上的交易数据，认为影响网络融资效率的首要因素是社会因素，以拥有的社会资本为标准对借款人进行等级划分，研究表明级别的高低和社会资本能否被核实，都显著影响着借贷的成功率和违约率[19]。Freedman 和 Jin（2010）在研究 P2P 借贷过程中的信息不对称问题时，指出借款人的社会"软信息"可作为借款人缺乏"硬信息"的补充，缓解因缺少硬信息而导致的融资效率低的不利情况[20]。Chen 和 Han（2012）在借鉴国内外研究成果的基础上，分析了平台的运营模式，采用"软、硬"信息数据对借款成功与否进行了实证分析，并比较分析了中美 P2P 市场之间存在的差异[21]。Campello 和 Ferrrs 等（2015）认为规模大、社会资本多的企业更有意愿披露信息，信贷双方的信息不对称水平得以降低，从而降低了债权人的信贷风险，因此有利于企业获得更多的债务资金，因此认为企业规模应与债务融资规模正相关[22]。

"硬信息"是指网络借贷市场上借款人的客观条件。Sydnor 和 Pope（2008）认为黑人在网络借贷市场中受到了不公平对待，往往对他们要求更高借款利率[23]。Ravina 和 Lensink 等（2008）通过对借贷活动数据的进一步分析，发现借款人的外貌形象和其种族类别显著地影响着融资的效率，其中黑人受到种族歧视的影响而被要求更高的利率[24]。然而学者 Greiner 和 Wang（2008）却持相反的观点，通过对 Prosper 上的 4000 条交易记录进行分析得出了与以上学者相反的结论，认为相比借款人的财务状况和信用级别而言，借款者的外貌形象、种族类别对其融资效率的影响微乎其微[25]。Lin（2009）认为借款人的信用级别与融资效率成正相关关系，信用级别显著地影响贷款的成功率及违约率[26]。Puro 等（2010）认为借款人提供的利率和借款额度都与借贷的成功率呈负相关关系，借款人提供的利率越高、贷款额度越大意味着风险变大，所以导致融资效率低下[27]。Collier 和 Hampshire（2010）认为借款人的借款额度、财务状况和竞拍方式都会对贷款的利率产生影响，从而影响融资效率[28]。Puro 和 Teich 等（2011）认为网络借贷平台通过对借款者"软信息"和"硬信息"的双重考察，判断借款者的质量，从而有效匹配双方借贷需求[29]。Sharma 和 Gounder（2012）通过对大量小微企业进行详细调研了解到，由于贷款费用高、缺乏无抵押信用贷款等因素，造成中小企业在贷款上面临困境[30]。Berger 和 Gleisner（2013）认为网络融资模式可以极大地降低信息不对称，从而影响融资效率[31]。Cassar 和 Ittner 等（2014）通过寻找更复杂的会计方法与其他信息来源和抵押品的相互作用，以减少小企业借款人和贷方之间的信息不对称，以此方法降低借款人的可能性贷款拒绝和债务成本[32]。Li 和 Wu 等（2018）认为网络融资服务允许个人在没有传统金融中介干预的情况下向无关人员借钱，在这些平台中，借款限额和利率是借款人最显著的两个因素，它们直接影响借款利益和成本[33]。

3. 融资理论的研究

由于西方国家产权制度的私人化特征和财产组织的分散化、社会化、市场化，西方国家基本上不存在融资效率的概念，其企业融资具有天然的效率。除此之外，企业的融资理论在西方国家已近形成完整且成熟的体系。

Modigliani 和 Miller（1958）创立了 MM 理论，在满足一系列假设的条件下，企业的资本结构和企业价值之间没有任何关系[34]。MM 理论建立在一系列假设之上，假设主要有 9 项，如没有税收、不存在破产风险等。

以 Scott（1976）和 Mayes（1984）等人为代表的权衡理论是在 MM 理论的基础上，进一步放宽了无破产成本的假设。该理论认为，资本结构中的债务水平会影响企业的价值，这是由于高债务带来的高风险会使得企业面临着较高的财务风险甚至倒闭，从而导致企业其他成本的上升[35-36]。在 20 世纪 80 年代以后，在之前的理论基础上发展了新的资本结构理论，主要有代理成本理论、信号传递理论和优序融资理论。

（二）国内研究现状

我国的网络借贷源于欧美国家，网络融资在近几年才在国内兴起，我国学者对其的研究主要集中在国外借贷模式在国内本土化的过程以及对网络融资的介绍，而实证研究相对较少。

1. 网络融资起源及模式研究

国外的借贷模式是我国网络借贷的起源，在此基础上迎合我国中小企业的特点得到了快速发展。一些学者对我国的网络贷款模式进行了总结，陈初（2010）将我国的网络贷款划分为四种模式：一是电商引入其平台上的"网上行为参数"帮助银行提升授信效率，是电商与银行的合作；二是做银行的外缘服务，是网络贷款平台和银行之间的一种合作关系；三是P2P模式，是个人对个人的网贷模式；四是通过网贷专为学生提供贷款[37]。吴晓光和曹一（2011）依据网贷平台在网络融资中扮演的角色将网贷模式划分为以下几类：信息中介模式、直接授信模式、仓单杠杆模式[38]。杨韵和罗世华等（2013）认为目前国内面向中小企业的网络融资主要为三类：一是由第三方平台与银行合作；二是以银行为主体的网络融资；三是第三方平台直接提供的网络融资[39]。对于网络融资模式的分类与归纳，学者们的观点基本一致，只是在细分程度上不同。张玉明和王子菁等（2015）通过分析网络融资新模式在缓解小微企业融资困境中的优势，认为网络融资和小微企业融资需求契合[40]。张丹（2016）根据服务对象将国内网贷平台分为以下三种：一是专门服务于小额贷款的"拍拍贷"；二是专门为农业户口服务的"Wokai"；三是专门站在学生角度提供贷款的"齐放网"[41]。董翠倩和王申玥（2017）指出网贷模式是传统金融与现代金融的结合，很好地弥补了我国直接融资市场小额贷款部分的不足，虽然频频出现P2P网贷平台"跑路"事件，但是这种在发展初期出现的混乱状况通过法律监管的加强能够得到改善[42]。

更多的学者研究了具体的网络融资模式。叶斌（2011）和吉晓雨（2012）研究了第三方电子商务企业与银行的合作，借鉴逐渐成熟的网络营销Business To Business模式建立Bank To Business的网贷模式[43-44]。陈强（2011）分别介绍了以阿里巴巴、网盛生意宝、敦煌网为首的第三方网络平台与银行合作的网贷服务模式[45]。曹立伟（2012）以中国建设银行和敦煌网合作开发的e宝通产品为例，研究网络融资模式[46]。以上学者的研究集中在基于银行和第三方电商平台合作的网络融资，而梁卓和徐荣贞（2012）基于B2B融资模式的局限性，介绍了引入民间资本的P2B网络融资新模式，第三方主要负责监督中小企业并进行信用评级，为网络贷款提供交易平台[47]。梁程（2013）认为随着互联网金融的产生与发展，网络平台在银行和企业之间的地位在不断上升，网络融资的含义在不断扩大[48]。赵雅敬（2014）将国内P2P网贷模式大致划分为两大类：线上模式和线下模式，其中线上模式又具体分为有担保的和无担保的[49]。谢奉君（2015）认为为激励电子商务平台对信息真实性更加负责，可以引入一种新机制，即电子商务平台面向银行为中小企业提供信用担保[50]。刘征驰和吴诗伟等（2016）认为团体联保贷款模式与P2P网络贷款模式，弥补了传统金融机构在信息与担保物评估上的劣势，有望为低收入群体提供公平的融资机会[51]。文学舟和樊彩云（2016）认为信用担保机构增加了P2P平台模式的期望收益，分散了P2P平台承担的风险，有利于平台为小微企业提供融资服务[52]。姚莲芳（2017）认为互联网金融为小微企业提供了多元化的融资模式，小微企业应当主动适应并借助各种模式来获取资金[53]。

2. 网络融资效率的影响因素研究

由于国内网络借贷在近几年才发展起来，学者们的研究更多关注网络借贷的特点及优缺点，研究了网络借贷的风险和监管，对于网络借贷其他方面的研究相对缺乏。

我国对于网络融资效率影响因素的相关研究较少。徐志远和吴卫东（2008）基于"长尾"效应分析了网络融资如何降低融资成本，从需求角度来看正态曲线两边缓和的部分，长长的"尾巴"代表零散的小量需求，而互联网对"尾巴"进行信息的整合进而形成聚合趋势，正是这种聚合趋势降低了成本[54]。吴晓光（2011）以实例分析的方式阐述了通过第三方平台来完善中小企业的信用信息，这些信息可以有效帮助贷款者进行违约评价从而降低融资成本[55]。梁迪（2014）认为影响借款者借款利率的首要因素是信用等级，且提供的财务信息越多融资成功的可能性就越高[56]。张肖飞和郭锦源等（2015）认为为进一步提高小微企业网络融资效率，应完善网络融资的立法及监管，防范网络融资的技术风险，控制网络融资信用风险，并着力提升小微企业自身融资竞争力[57]。黄玉英和余克艰等（2015）认为外部融资环境中，银行和政府环境显著正向影响企业融资效率；企业家社会网络中，异质性对融资效率的作用不显著[58]。马瑞博（2014）认为互联网金融对中小企业融资影响主要体现在对传统金融机构造成巨大的冲击，迫使传统金融机构做出改革，使中小企业融资更加容易，为中小企业提供更加具有针对性的融资项目，从而降低企业融资成本，促使中小企业进一步发展[59]。王重润和孔兵（2017）认为平台注册资本、运营时间、投资和借款总人数、借款用途、信用等级、正常还款次数这些因素对P2P平台融资效率产生正向影响；而借款期限、逾期还款次数等因素与P2P平台融资效率存在负向关系[60]。汤兆博（2018）认为整体来看市场环境对企业网络融资效率起决定性作用，"跑路"事件对企业网络融资效率的影响不容忽视[61]。

3. 企业融资效率涵义的研究

从融资能力、融资成本、融资风险角度定义融资效率。高西有（2000）在分析企业的融资效率时指出，企业融资额度的高低和融资支出大小的最优解即为有效的融资[62]。方芳和曾辉（2005）认为企业的融资效率是在适度风险下融资行为给企业带来最高收入并且支出最少的一种能力[63]。

从成本、收益和融资对企业影响的角度定义融资效率。肖劲和马亚军（2004）、高学哲（2005）从三方面界定融资效率：首先，企业是否能以最低的成本筹集到所需资金；其次，筹集到的资金是否得到有效利用；最后，要以动态的角度，通过比较来判断融资是否有效率[64-65]。聂新兰和黄连琴（2007）认为融资效率属于事后效率，即企业是否可以将所筹集的资金有效运用到企业后续生产经营活动中去，从而为企业创造出经济价值[66]。

从微观和宏观角度定义融资效率。把企业融资效率分为微观效率和宏观效率，前者指企业融资对企业自身发展所产生的影响程度，后者指企业融资对一国经济发展产生的影响程度。杨兴全（2005）认为企业融资效率是指企业在融资的财务活动中实现的效能和功效[67]。赛志刚和张雪梅（2009）通过总结前期学者的定义，从微观角度入手，认为企业融资效率是指在企业不同治理结构模式的基础上，以最低成本和风险为企业融入资金并运用融入资金为企业带来最高收益的能力[68]。

4. 企业融资效率评价方法的研究

我国学者在研究融资效率时主要运用的研究方法有模糊综合评价法、线性回归法和数据包络分析法等。

（1）模糊数学中的模糊综合评价法。大部分学者运用这种方法从影响融资效率的因素入手，比较各种融资方式的融资效率从而得出优序排列。胡竹枝和李明月（2005）运用此评价方法得出理性融资序列为：自身积累、股票融资、银行信贷、债券融资[69]。胡军和贺银娟（2010）同样采用模糊综合评价法对某一省份的中小企业融资效率进行了测评，得出的结论与其他学者的研究结论是一致的[70]。

（2）统计学中的线性回归方法。李志刚和迟宪良等（2008）运用线性回归方法，选取了某市的几十家中小企业为样本构建线性回归模型，得出中小企业的融资效率偏低和融资结构对融资效率产生反方向作用的结论[71]。常丽莉和牛润盛（2009）以沪深上市的机械、电子和仪表行业的代表企业为样本，进行线性回归分析，认为企业经营绩效和融资结构呈弱相关关系并提出相关建议[72]。

（3）运筹学中的数据包络分析法。许多学者运用这种方法对某种融资方式或整体融资效率的高低进行评，并找寻提高效率的途径。程少贤和郑少锋（2010）基于数据包络分析法，分析了中小信息上市企业的融资效率，得出中小上市信息企业的技术效率不高的结论[73]。李芳和王超（2014）使用数据包络分析法针对某一特定行业的中小企业进行了融资效率的测评，并针对其融资成本高导致的效率低下问题提出了解决方法[74]。

（三）国内外研究现状评述

综上所述，国外在完善的融资理论基础上，对于网络融资相关研究较为全面，研究涉及影响借贷成功的因素分析、债务人的分析、隐私信息保护、网贷运营模式等多方面，但由于经济体制的原因，西方国家没有对融资效率的研究。我国对中小企业至关重要的融资问题做了大量研究，通过提高融资效率来解决融资难问题的相关理论和实证研究也较为广泛，但是对于新型的网络融资方式研究尚未深入，实证研究更是少有。通过网络融资解决中小企业融资问题是未来的趋势，所以关于中小企业网络融资效率的相关研究有待深入研究，本书在此基础上，分析影响网络融资的影响因素，进而对网络融资效率进行评价以达到提升融资效率的目的。国外关于网络融资的效率分析主要以网络平台的公开数据为基础，分析贷款可得性和成功性，但没有将网络融资融入到整个企业的融资效率中研究，忽视了整体性问题；国内对于融资效率的研究，主要从不同种类融资方式的角度，对比和剖析融资效率，研究结果与西方国家的优序理论结论大致一样，而没有从微观角度看待中小企业网络融资及其效率情况。

第二节　P2P 网贷平台

在目前互联网金融发展模式中，P2P 网贷模式发展的尤为迅速猛烈。P2P 网贷平台按照平台主要投资者不同可以分为民营系、上市公司系、国资系、风投系和银行系。其中民营系 P2P 网贷平台是营业平台数量最多且出现问题平台数量最多的一种类型，在 P2P 网贷平台中具有代表性。

一、P2P 网贷平台的概念

P2P 是 peer to peer lending 的缩写，peer 是个人的意思。P2P 网贷平台是网络融资的一种商业运营模式，通过收集社会闲散资金，贷款给有需要的个人或企业，达到有效利用的目的，是网络信息和传统金融相结合的一种新型贷款模式。P2P 网贷平台的本质是提供网上借款和贷款信息的交互媒介，主要功能是为借款方和贷款方提供信息和投资咨询等支持从而促使双方完成交易的金融服务。随着网络技术日益发展，网络大数据信息和传统金融相结合，解决因正规融资渠道受限的企业贷款难的问题，扩大投资渠道，合理利用社会闲散资金，这是未来金融服务新的发展趋势。随着征信体系的不断完善，P2P 网贷得到了进一步发展。

二、P2P 网贷平台的模式

P2P 网贷平台自出现至今，在我国现有的法律、制度、经济和环境下，已经衍变出了四种商业模式，分别是纯中介平台模式、复合中介模式、资产证券化模式和债权转让模式。

（一）纯中介平台模式

纯中介平台模式认为，平台只是纯粹的展示借贷信息的中介，并无资金介入到借贷双方中。在现有的金融发展情况下，该模式是一种直接金融模式，具有去中介化的金融特征。在该模式下，P2P 网贷平台不负担借入人的不偿还贷款风险，只负担对借款人进行评估的责任和义务。当前，该模式的典型代表是拍拍贷。

（二）复合中介模式

复合中介模式相对于纯中介模式而言，更加深度介入到借贷双方中。因此，此情况下 P2P 网贷平台责任更大，需要对借出资金方提供其借出资金的本金和利息保证。另外，在这种模式下，P2P 网贷平台不仅仅要承担纯中介模式下的各种风险，还要承担平台在自身经营过程中出现的财务问题和法律问题而导致的风险。现在我国大部分的平台都采纳复合中介模式。当前，基于这种模式下发展较好的平台是红岭创投、人人贷和宜人贷。

（三）资产证券化模式

资产证券化模式是指 P2P 网贷平台与担保机构和小额贷款企业建立合作关系，将原来不具有大众交易功能的金融资产转换成可以进行大众交易的资本市场证券，进而通过担保机构将自己担保的产品或者拥有的小额信贷资产经由 P2P 网贷平台出售给购买者。这种模式下，平台拆标导致的期限错配和金融错配致使 P2P 网贷平台容易发生流动性风险。目前，发展较好的平台主要是陆金所和有利网。

(四) 债权转让模式

债权转让模式是 P2P 网贷平台先与其关系密切的专业第三方先行放贷，然后将其放贷过程中形成的债权转让给买入债权一方。在这种模式下，P2P 网贷平台本质上是一个金融机构的角色。P2P 网贷平台和职业发放贷款者已经成为不可或缺的部分，成为实质上的民间金融机构。目前，宜信是基于这种模式发展较好的平台之一。

三、P2P 网贷平台研究综述

(一) 国外研究综述

Berger 和 Gleisner（2009）分析了 P2P 网贷平台在现有金融市场中的地位和分工的类别，认为网络贷款平台作为金融中介，可以改善借款人的状况，同时可以减少信息不对称问题[75]。Yum 和 Lee 等（2012）研究在信息不对称情况下，借款者是如何通过信息改变在 P2P 平台上获得的借款金额：通过不断重复博弈，在贷款人的信誉受到质疑时，借款人向贷款人直接沟通可以保持较好的声誉，进而得到借款[76]。Lee 等（2012）采用多元 Logit 回归模型研究了韩国 P2P 网贷平台中无抵押贷款的 P2P 信贷市场行为，发现在 P2P 的出价竞争中存在着边际递减的羊群效应[77]。Rosenblum 和 Gault-Brown 等（2015）提供了在联邦法律基础下适用于 P2P 网贷的基本模型，在该篇模型中作者考虑了联邦法律、商业模式和合规性，以使模型能为实际工作所用[78]。Loureiro 和 Gonzalez（2015）发现年龄的大小和人际竞争是影响 P2P 网贷平台借款的两个重要因素，年轻人被提供的借款金额较低，因为年轻的借款人按时还款的可能性较小，借款人因为担心人际之间的竞争，对同一性别有能力的贷款人会给予更低的贷款金额，因此只有较少的金额投入到了那些具有发展潜力的贷款人手中[79]。Freedman 和 Jin（2015）通过 P2P 网贷平台发现与社会有联系的借款人更有可能获得贷款并获得较低的利率；然而，大多数有社会关系的借款人更有可能支付迟交或违约[80]。Emekter 和 Tu 等（2015）等探讨了 P2P 贷款的特点，评估了 P2P 贷款的信用风险，并测量了贷款绩效，得出信用等级、负债收入比、FICO 评分和循环线利用率对贷款违约有重要影响，信用等级低、持续时间长的贷款与高死亡率相关[81]。Chen 和 Zhou

等（2016）对线上 P2P 金融信贷市场中个人的群体社会资本与其贷款结果间的关系进行了研究，发现借款人的一般群体社会资本（如群体成员）和关系型社会资本（如群体信用）对其贷款结果的影响并不相同，借款人的结构性社会资本（如群体包容性）对借款人的融资结果产生了负面影响[82]。Carmichael（2017）利用 P2P 平台发现收到相同的合同时，被竞争对手拒绝的借款人违约的可能性是未被拒绝的借款人的两倍，当竞争对手向借款人提供较高的利率或较小的贷款金额时，借款人也更有可能违约[83]。Lin（2017）等利用 P2P 平台并结合借款人的人口学特征，探讨了确定违约风险的因素，并提出了一个信用风险评估模型，可以量化每个 P2P 贷款的违约风险[84]。Yao 和 Chen（2018）通过 P2P 网贷平台研究了贷款目的与融资成功率的关系，研究表明贷款的目的对贷款是否成功有着重要的影响，商业贷款的目的往往确保较高的融资成功率，借款人在通过 P2P 网贷平台申请资金时应该全面填写贷款头衔，且在线 P2P 网贷平台投资者不应盲目投资他人，试图获得高回报[85]。

（二）国内研究综述

赵精武（2013）指出相对于传统银行而言，P2P 网络贷款具有交易直接、简单快捷、沟通便利、信息透明、贷款人可自主选择多个借债对象和适当分散风险等特征[86]。莫易娴（2014）对比了国内外互联网金融发展的现状，认为我国的 P2P 网络借贷更具有发展潜力[87]。马亮（2014）认为 P2P 网贷平台主要有借入者违约风险、平台经营风险、信息泄露风险、网络诈骗和洗钱风险，并在此基础上提出了降低 P2P 网贷风险的对策建议[88]。邓青（2014）分析国内目前主要有三种 P2P 网贷模式，即单纯线上运营模式、线上和线下相辅相成运营模式、第三方机构合作模式[89]。王丹和马家瑞（2014）比较分析了传统 P2P 模式和债权转让模式的差别和各自模式所具有的好处和不足[90]。黄薇（2015）分析了平台的运营模式主要有信用中介和资金运作两种以及这两种运作模式分别对应的风险[91]。张成虎和牛浩远（2016）构建了 P2P 网贷中借款方和贷款方在信息不充分情况中的动态博弈，以 P2P 平台是否承诺本金为对比条件，描述了在两个不同条件下博弈双方和平台自身的行为，为制定监管政策提供了参考建议[92]。陈虹和马永健（2016）通过实证研究发现 P2P 网贷平台在利率定价权分配方面主要表现为借贷双方博弈定价和平台自主定价两种模式，在其他条件一致的情况下，前者均衡成交利率一般大于后者[93]。吴庆田和卢香等（2016）等人运用结构方程模型对影响 P2P 网贷出借人投资决策行为的主要因素及因素之间的关系进行了实证分析，提出 P2P 网贷的行为监管框架必须包括三个要点，即明确网贷平台确保借款人信息真实性的义务、建立网贷信用体系和行业评价机制、建立网贷出借人权益保护制度[94]。王书斌和谭中明等（2017）分析 P2P 债权转让模式和违约舆情传染机制，当转让债权人传染再生数超过阀值时，P2P 恐慌情绪传染将始终存在，并导致 P2P 网贷平台陷入危机[95]。董纪昌和王国梁等（2017）从投资者行为的微观视角出发，对 P2P 网贷平台投资者的信任形成机制进行实证分析，得出初始信任更多地受到平台建设、管理及口碑等的影响，而持续信任主要取决于客户在投资过程中的实际感知[96]。付晨玉和杨艳琳（2018）通过构建 VAR 模型从结构规制和行为规制两个方面研究中国 P2P 网络借贷产业规制对市场绩效和普惠金融水平的动态影响[97]。吴庆田和张静文（2018）采用分层 DEA-CCR 方法对 P2P 网贷平台的运营效率进行评级，运用 Tobit 模型分析影响平台运营效率的具体因素[98]。

（三）国内外研究现状评述

综上所述，国内外学者 P2P 网贷平台、风险预警指标和风险预警模型方面进行了研究，但是在具体内容上仍有不同，主要体现在：国外学者从实证的角度研究了影响 P2P 网贷平台借款金额的因素，并且从博弈论和心理学等方面选取指标进行研究；国内学者主要定性分析了 P2P 网贷平台对传统银行的影响和 P2P 网贷平台的模式比较。

当前的研究依然存在以下不足：

（1）多是研究风险构成及对银行的影响，鲜有对 P2P 网贷平台风险预警方面的研究。

（2）现有预警方面的研究，主要局限在理论研究，实证研究较少。虽然国外学者对 P2P 模式进行了实证研究，由于国外征信体系和国内不同，因此研究结论不能直接使用。另外，对于国内 P2P 网贷模式应该基于中国金融发展特色进行研究。

（3）对于预警模型指标的选取，仍以传统角度进行研究，而没有考虑互联网金融的独特性。

（4）多数学者只是选择某一期间进行风险预警模型构建，但不同时期风险不同。

鉴于此，本书在研究互联网金融民营系 P2P 网贷平台风险时，加入用户推荐度指标，构建四期实证模型进行研究。

第二章
中小企业网络融资研究的理论与方法

第一节 融资理论概述

融资理论是研究网络融资的基础，主要包括资本结构理论、逆向选择理论和道德风险理论。资本结构理论是企业融资的关键问题，逆向选择理论与道德风险理论是基于企业信息不对称产生的。本部分将对这三种理论进行详细说明。

一、资本结构理论

企业融资过程需要从整体角度出发，全面分析企业融资，确定企业的资本结构。早期的资本结构理论包括净收入理论、净经营收入理论和传统理论。其后的MM资本结构理论建立在一系列假设之上，认为在完善的市场中企业资本结构和企业价值之间没有任何关系；有税收MM理论放宽了无税收MM理论的条件，证实了在有企业所得税的情况中，通过增加债务比例产生的利息可以抵减税收支出，从而增加企业的经济效益。权衡理论是对MM理论的进一步发展，该理论认为，假定除去企业破产成本，企业的债权融资份额越大，企业承受的风险越大，企业处于财务困境甚至倒闭的概率也就越大，因此导致企业的其他成本增加，经济效益降低。

20世纪80年代以后陆续产生了新型资本结构理论。代理成本理论认为，随着债务融资比例变大，公司的违约概率也在变大，债务人监督成本随之提升。因此，债务人需要较高的利率来补偿风险，这种成本随后转嫁到股东身上，导致股东价值降低。信号传递理论认为，当企业的资本结构发生某种变化时，这种变化也向外界传递了企业经营活动的相关信息，如企业未来发展策略以及相关能力的评估信息，这些信息都可成为影响股价走势的因素。优序融资理论认为，企业在一般情况中使用内源筹资，因而不会传递对股价不利的信息；当内源融资不能满足企业资金需求时，企业将会转向债权筹资，然后再使用外部股权融资，这种筹资顺序不会传递对股价不利的信息。

通过分析资本结构理论，网络融资选出最优的资本结构，合理掌握各类资本成分的数量和比例，从而保证企业健康发展。

二、逆向选择理论

逆向选择是指在信息不对等的情况下，经济市场容易出现商品平均价格下跌、高品质商品被低品质商品挤出市场的现象，进而市场上交易商品的平均质量变得越来越低。逆向选择是由前期信息不对称引起的，即在商品交易前，市场参与者掌握的信息总是不对等的，一方处于优势而另一方处于劣势，处于劣势的一方无法掌握充足的信息来判断对方交易品的质量，然而又必须给出自己的价格，只能依据市场上的平均价格来出价，这使得高品质的交易品得不到预期的价格，久而久之质量较高的交易品就会从市场上逐步退出，最终消失。同时作为劣势的一方也不会从市场上获得期望品质的交易品，这就加大了市场交易的风险。上述现象就是逆向选择典型的"劣质品驱逐优质品"的现象。

在网络借贷市场上，同样存在逆向选择现象。贷款人在发出贷款前要根据借款人的信息来选择借款人和计算利息的利率标准，此时的贷款人即为信息的劣势方，贷款人只能根据借款人提供的"硬信息"做出决定，有的真实情况贷款人无法获得，甚至有些"硬信息"是伪造的。此时只有借款人对自己的真实情况最为了解，在融资难的大环境下，作为信息优势的一方，借款人很容易因为筹集资金的迫切而隐瞒真实信息。优质借款人无法从贷款人那里获得预期较低利率的贷款，而贷款人面对劣质借款人，只有通过提高利率来补偿风险，这样，优质借款人获得资金难度变大，逐步被劣质借款人挤出网贷市场，也就是逆向选择中的"劣质品驱逐优质品"的现象。

三、道德风险理论

道德风险是指签订契约合同的双方由于信息不对称，其中一方有可能面临对方改变行为而导致自身利益受到损害的风险。著名经济学家斯蒂格·里茨提出的经典案例很好地阐述了道德风险理论。针对美国某大学自行车经常被盗的情况，几名有经济头脑的大学生做起了自行车保险生意：当时自行车被盗率大致为10%，他们收取的保费为保险标准的15%，预期可盈利5%左右。但是当保险生意运作一段时间后，被盗率明显上升，无盈利经营导致保险生意失败。由于保险保障降低了财产丢失造成的损失，人们对自身财产的安全防范意识明显下降。从案例中很容易看出，从事经济活动的一方在不用承担全部风险的情况下，很有可能采用方便于自身的自私行动，从而造成其他经济活动参与方的利益受损。

同样，道德风险也存在于网贷市场中。在网贷中，贷款人根据平台上发布的借款人的借款信息做出贷款决定，如借款人提供的利率、所需金额、信用等级、认证程度、历史借款记录、借款用途等。然而，当借款人得到资金后很有可能改变资金用途，从事高风险经营以期赚取高额收益，贷款人最终不得不面临这种风险带来的损失。借款人的这种投机行为正是利用了贷款人处于信息劣势，道德风险就这样产生了。

第二节　信息不对称理论

信息不对称会产生一定的风险，从而有了"博弈"的存在。博弈论被广泛应用在市场经济活动中，是经济学分析的重要工具。本部分将从信息不对称理论的内容、风险及博弈论基础三个方面展开论述。

一、信息不对称理论的内容

信息不对称是指交易中的各交易方掌握不同的信息，含义包括：一是信息失真，是指经济生活中不完善的信息披露与传送机制引起的信息质量问题；二是信息质量不对称，是指市场交易中交易双方掌握对方的信息在质和量上的不对等；三是信息动态不完全，是指由于信息来源具有不确定性，导致从动态角度分析的信息不完全。在社会生活以及市场交易活动中，由于一部分人掌握了其他成员无法获得的信息，从而导致了信息不对称。在市场经济活动中，信息了解程度较高的一方往往处于优势，而信息了解程度较低的一方则往往处于劣势。一般而言，在市场交易中卖家比买家掌握更多交易信息。实际上，信息不对称问题是由交易双方对信息成本的投入不同造成的,在买卖交易中,买家往往不会对交易物品信息投入成本,这必然会产生买家与卖家之间信息投入的成本差异,从而产生了双方的信息不对称。

信息不对称现象很早就被关注研究,并为市场经济的研究与发展提供了新视角。研究信息不对称理论表明了信息的重要性,关注并研究由于信息获取渠道不同以及信息获得量不同而导致的市场经济中参与者承担的收益和风险的程度。1970年美国学者阿克尔洛夫首次提出"信息市场"概念。为了更好地说明信息不对称理论,阿克尔洛夫从二手车市场入手,根据旧车市场中交易双方对旧车信息掌握不同提出了"二手货"模型。

阿克尔洛夫在旧车市场"二手货"模型中,首先提出逆向选择理论:在旧车市场中,卖方了解车的真实质量,买方只了解车的平均质量,并且买者所支付的价格依赖于车子的平均质量;而在同一价格水平上,低质量车的车主往往最急于将车出手,与买者达成交易;随着买方逐渐发现车存在的缺陷,车的平均价格下降,当下降到一定程度时,高质量的车子会退出二手车市场,并导致旧车市场中的二手车质量进一步降低,车子的边际效用也会随之降低,买方不会再愿意支付较高的价格。如此循环,最终低质量的车子会把高质量的车子挤出市场。存在大量低质量的二手车市场中,很少能够达成交易。显然,这是一种低效市场。

阿克尔洛夫的"二手货"模型对研究信息不对称理论具有重要意义。在各类市场经济活动中普遍存在信息不对称现象,因此,阿克尔洛夫提出的"二手货"模型可以运用于各类经济学分析中。在"二手货"模型分析中,虽然分析引用的是旧车市场,但也可以延伸到商品市场、资本市场以及劳动力市场等。"二手货"模型也能够被应用于解释在市场经济活动中由于一方隐藏信息使交易双方产生了信息不对称,进而造成假冒伪劣产品充斥市场的现象。该理论也阐明了如果不能在市场中建立一个有效的机制来遏制假冒伪劣产品,势必造成"劣币驱逐良币"的后果,甚至使整个市场瘫痪。

二、信息不对称的风险

(一)逆向选择和道德风险

信息不对称可导致逆向选择和道德风险。从信息不对称发生的时间看,发生在卖方与买方交易之前的称为事前信息不对称,发生在交易之后的称为事后信息不对称。

逆向选择模型用于研究事前信息不对称。逆向选择行为是由市场交易中的事前信息不对称导致的，在交易中一方不了解信息，另一方将掌握的信息隐瞒，并获得额外收益，从而在客观上造成了市场分配的不合理。在市场交易中，有一方是信息优势方，另一方是信息劣势方，由于没有足够的信息反映信息优势方的交易品质，但又需要对交易做出价格决策，因而信息劣势方只能根据自己掌握的信息来判断另一方的平均价格。由于价格低于预期，交易品质量高的一方退出市场，从而出现"劣质品驱逐优质品"的现象。

道德风险模型用于研究事后信息不对称。道德风险指信息了解程度较高的一方为了获取较高收益，故意将自身信息隐藏起来并对另一方造成不利影响，从而产生了道德风险。如果从信息不对称的委托－代理理论出发，道德风险指代理契约中的代理人利用自己掌握的信息，采取委托人不能观察到的行动导致代理契约中代理人获益或是委托人损失的可能性。

信息不对称对任何市场主体都适用。信息不对称促使市场经济中的参与者积极从事各种信息的搜集、整理、生产和消费。所有这些信息活动都是为了减轻信息不对称性，从而能够在交易中避免产生逆向选择以及道德风险问题。

（二）信贷配给

信贷配给可以从宏观和微观两方面定义。宏观上，信贷配给是指在信贷市场中基于一定的利率水平，贷款的需求大于供给的状况。微观上，信贷配给包括两方面：一是贷款人的申请不能被全部满足。二是在所有贷款申请中，只有一部分贷款人的申请被接受，其他贷款人即使愿意在较高的利率水平上获得借款，通常也难以得到。

信贷市场中的信息不对称现象使银行与企业之间普遍存在着道德风险问题，这是信贷配给产生的原因。20 世纪 70 年代中后期，信贷配给理论进入成熟阶段。Baltensperger（1974）将信贷配给分为广义和狭义两类。广义的信贷配给是指信贷市场中的均衡信贷配给，是由于信息不对称的原因造成的银行通过利率对信贷发放进行的调整。自此，新凯恩斯经济学家从信息不对称与"隐性合同"两方面，对信贷配给问题进行了重新分析，并使凯恩斯非市场出清假说得到了发展。另外，信息经济学的发展又使 Jaffee 和 Russlle（1976）等人在信贷市场中运用隐性合约理论和不完全信息理论打破新古典经济学假设，建立了"逆向选择"模型与"道德风险"模型，提出了信贷市场中信息不对称性是信贷配给产生的主要原因，并且认为银行为了实现自身利益最大化，在银企信息不对称下会通过其他非价格手段对利率进行控制,以消除逆向选择和道德风险问题,并使信贷资产的配置效率达到最优。Williamson（1986）对信贷配给理论研究后认为只要信息不对称问题以及银行对企业的监督成本存在,即使逆向选择以及道德风险不存在,也会导致信贷配给问题。

三、博弈论基础

（一）博弈的构成

博弈论（Game Theory）又称"对策论""赛局理论",是指在特定的制约条件下,通过观察赛局中的不同个体或不同团队采用的策略,实施与之相对应策略的学科。博弈论既研究在决策过程中博弈主体行为的相互作用,也研究博弈主体间的决策均衡问题。换而言之,博弈论研究博弈过程的最优决策方案,以及获得合理决策方案的数学理论方法。

对于经济学中许多难以解决的问题,博弈论提供了有效的解决方法,例如,著名的"囚徒困境"问题就是利用博弈论解决的。博弈论的要素构成、每个要素的定义以及在博弈过程中的作用如表2-1所示[99]。

表2-1　博弈论的构成要素

要素	定义	作用
参与人	博弈决策中最大化自己效用的决策主体	
行动	参与人的决策变量	博弈规则:在博弈分析中使用博弈规则求均衡解
结果	博弈分析者比较感兴趣的要素的集合	
信息	参与人在博弈中所能获得的知识	提供其他参与人特征和行动的知识
战略	参与人决策过程中行动选择的规则	指导参与人在何时选择何行动
支付函数	参与人可以获得的期望效用水平	决定每一个参与人的战略或者行动
均衡	所有参与人的最优战略或行动的组合	提供博弈的均衡状态

（二）博弈论基本理论

1. 博弈的分类

博弈可以从两个角度分类。根据博弈中各参与者行动的先后次序,博弈可分为动态博弈和静态博弈；根据参与者的支付函数、特征以及战略空间,博弈可分为完全信息博弈和不完全信息博弈。组合上述两种博弈分类,可得到四种博弈类型:完全信息动态博弈、完全信息静态博弈、不完全信息动态博弈以及不完全信息静态博弈。与之相对应的四个均衡概念:子博弈精炼纳什均衡、纳什均衡、精炼贝叶斯纳什均衡以及贝叶斯纳什均衡。四种博弈类型以及对应的四个均衡概念概括如表2-2所示。

表2-2 博弈分类及对应均衡概念

信息\行动顺序	静态	动态
完全信息	完全信息静态博弈/纳什均衡	完全信息动态博弈/子博弈精炼纳什均衡
不完全信息	不完全信息静态博弈/贝叶斯纳什均衡	不完全信息动态博弈/精炼贝叶斯纳什均衡

2. 不完全信息静态博弈

(1) 含义。不完全信息静态博弈又称为静态贝叶斯均衡。在不完全信息静态博弈中,所有参与者均在同一时间行动,因而各参与者均无法观察到其他人的行动。当给定别人的战略选择时,博弈中每个参与者的最优战略选择都依赖于参与者自己的类型。由于所有参与主体均不知道其他人的真实类型,只知道其他人类型的概率分布,因此,每个参与者均无法准确了解到其他人的战略选择,但能够获知其他人如何根据自身类型进行决策。参与者能够做出的决策就是在其他参与者类型给定的情况下使自己的效用达到最大。

(2) 海萨尼转换。以企业进入市场的博弈为例:潜在进入市场的企业(进入者)对是否应当进入一个新的行业进行决策,但该潜在进入者对当前市场中先前进入企业的成本函数一无所知,也不知道先前进入企业是默许潜在企业进入市场,还是采取斗争策略反对。假定市场中已经存在的企业(在位者)的成本函数有两种,即高成本或低成本,与之对应的战略组合有不同的支付矩阵,如表2-3所示。

表2-3 市场进入博弈

进入者\在位者	高成本情况		低成本情况	
	默许	斗争	默许	斗争
进入	40, 50	-10, 0	30, 80	-10, 100
不进入	0, 300	0, 300	0, 400	0, 400

在上述例子中，进入者对在位者的成本信息并不了解，但在位者却了解进入者的成本函数。如此来看，进入者在与一个高成本的在位者和一个低成本的在位者同时进行博弈。海萨尼通过引入虚拟的参与者"自然"，将前述不完全信息静态博弈（市场进入博弈）转换为不完全信息博弈，这就是"海萨尼转换"。后文提到的不完全信息博弈即指经过海萨尼转换的不完全信息博弈。不完全信息博弈问题的标准处理方法就是海萨尼转换，海萨尼转换过程如图2-1所示。

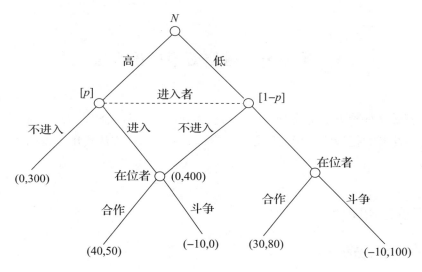

图2-1 海萨尼转换过程

3. 不完全信息动态博弈

（1）含义。在不完全信息动态博弈中，所有参与人的行动都是先后进行的。博弈中的每一个参与主体都掌握了其他参与主体的特征、类型以及每一种类型出现的概率分布，即参与主体可以根据"自然"参与者的类型来确定他们的选择。"自然"先对其他参与主体的类型做出选择，并且每一个参与者只知道自己的类型，不了解其他参与者的信息。由于在不完全的信息动态博弈中，每个参与者行动的先后次序不同，先行动者的行动会被后行动者观察到，但是先行动者的类型却不能被后行动者观察到，只能根据先行动者的行动传递出的信号来预测他的类型，并据此推断先行动者的类型或修正对先行动者的先验信念，以此为依据来选择自己的最优行动。

（2）精炼贝叶斯均衡。精炼贝叶斯均衡是海萨尼的贝叶斯均衡与泽尔腾的子博弈精炼纳什均衡的结合。精炼贝叶斯均衡要求给定其他参与者类型的信息，参与者的战略在每一个信息集开始的"后续博弈"中构成了贝叶斯均衡,博弈中参与者在每一个情况下都使用贝叶斯法则来修正其他参与者类型的信息。并且在精炼贝叶斯均衡中,参与者会修正其本身对其他参与者类型的"信念",而这一修正是根据其观察的其他参与者的行为,换言之,精炼贝叶斯均衡是所有参与者战略和信念的结合。

第三节　融资效率评价方法

融资效率评价方法主要有回归分析法、模糊综合评价法、灰色关联分析法、层次分析法和数据包络分析五种方法。本部分针对每种方法给出了说明,并进行了比较分析。

一、评价方法简介

(一) 回归分析法

回归分析法是通过收集大批量的样本信息,运用统计学的方法找出不同因素之间的数学统计关系,建立函数关系并分析投入如何影响产出的一种分析方法。

(二) 模糊综合评价法

模糊综合评价法基于模糊数学理论,将定性分析转化为定量分析,适用于针对多因素影响的对象分析得出模糊评价集合。模糊综合评价法通过精确的数字手段处理模糊的评价对象,能对蕴藏信息呈现模糊性的资料做出比较科学、合理、贴近实际的量化评价。

(三) 灰色关联分析法

灰色关联分析法通过比较不同数据的几何图形相似程度来判定其相关度,即在动态发展中,如果两个因素变化趋势趋于吻合,则说明这两个因素关联程度比较高。但是,灰色关联分析对于关联度没有标准、规范的界定,且考虑的因素也不够全面。

（四）层次分析法

层次分析法将一个多目标的复杂分析对象看作一个整体，再将这个整体目标分解为目标、准则、方案等多个层次，每一层具体到各个因素，通过模糊量化方法算出层次单排序和总排序，根据排序的结果得出分析的结论。层次分析法所需定量数据信息较少，且评价指标的数量不能过多，过多会造成权重的确定比较困难且数据的统计工作较大的问题。

（五）数据包络分析

数据包络分析（DEA），是对经济学、运筹学、计算机和管理学等学科进行综合的一种方法。数据包络分析使用数学规划建立评价模型，能够评价具有多项输入（投入）、多项输出（产出）的单位之间的比较效率，称为"DEA 有效"。在 DEA 领域，称"单位"为决策单元（DMU）。DEA 从决策单元的评价角度出发，为每个决策单元提供相对本身系统而言的改进方向，对每个决策单元进行调整从而改进效率，这种优化是在系统发展水平范围内的优化，所以是最符合客观实际的、最合理的优化。但是，数据包络分析只能在同类的决策单元之间应用，且要求有相同的投入和产出指标，分析得到的是相对的评价结果而不是绝对的结果。

二、评价方法比较分析

回归分析法在分析多因素模型时，更加简单方便，只要采用的模型和数据相同，通过标准的统计方法可以计算出唯一的结果；但在图和表的形式中，数据之间关系的解释往往因人而异，不同分析者画出的拟合曲线很可能也是不一样的。回归分析还可以准确地计量各个因素之间的相关程度与回归拟合程度的高低，提高预测方程式的效果。在回归分析法中，变量仅受单个因素影响的情况极少，要注意一元回归分析法的使用范围。多元回归分析法更适用于对实际经济问题的分析。但有时候在回归分析中，选用何种因子和该因子采用何种表达式只是一种推测，这影响了因子的多样性和因子的不可测性，使回归分析在某些情况下受到限制。此外，回归分析法虽然可以避免人为因素的权数、并能分析每个因素的影响程度，但对数据的要求条件比较苛刻，变量之间需要满足线性关系，且单个自变量或几个自变量只能映射到一个因变量，无法适应多个投入和多个产出的情况。

模糊综合评价法的评价结果是一个矢量，包含的信息比较丰富，既可以比较准确地刻画被评价对象，又可以通过进一步加工得到更多参考信息。但模糊综合评价法的计算复杂，对指标权重矢量的确定主观性较强，因而评价结果偏离客观事实的可能性较大。当指标集 U 较大时，在权矢量和为 1 的条件约束下，相对隶属度权系数往往偏小，权矢量与模糊矩阵 R 不匹配，出现超模糊现象，分辨率很差，无法区分谁的隶属度更高，甚至造成评判失败，此时可用分层模糊评估法加以改进。

灰色关联度分析法思路明晰，可以在很大程度上减少由于信息不对称带来的损失，并且对数据要求较低，工作量较少。但它要求需要对各项指标的最优值进行现行确定，主观性过强，同时部分指标最优值难以确定。

层次分析法具有系统性，每一层权重设置最后都会直接或间接影响到结果，而且在每个层次中每个因素对结果的影响程度都是量化的，非常清晰、明确。这种方法尤其可用于对无结构特性的系统进行评价，也适用于对多目标、多准则、多时期的系统进行评价。此外，层次分析法简洁实用，把定性方法与定量方法有机结合起来，使复杂的系统分解，能够将人的思维过程数学化、系统化，便于人们接受，且能把多目标、多准则又难以全部量化处理的决策问题化为多层次单目标问题，通过两两比较确定同一层次元素相对上一层次元素的数量关系后，进行简单的数学运算，并且往往计算简便、结果简明，容易为决策者了解和掌握。由于层次分析法是一种模拟人们决策过程思维方式的方法，层次分析法把判断各要素的相对重要性的步骤留给了大脑，只保留人脑对要素的印象，化为简单的权重进行计算。层次分析法能够处理许多传统最优化技术无法解决的实际问题，从备选方案中选择较优者，但无法为决策提供解决问题的新方案。层次分析法所需的定量数据较少，定性成分多，不易令人信服，而且指标过多时数据统计量大，且权重难以确定，特征值和特征向量的精确求法比较复杂。

数据包络分析法（DEA）可用于评价多投入、多产出的生产（经营）绩效。一方面，DEA 方法无须指定投入产出的生产函数形态，因此可评价具有较复杂生产关系的决策单位的效率。它具有单位不变性的特点，即 DEA 衡量的 DMU 结果不受投入、产出数据所选择单位的影响。只要投入、产出数据的单位是统一的，那么任何一个投入、产出数据的单位发生变化，都不会影响效率结果。它能同时处理比例数据和非比例数据，即投入、产出数据中可以同时使用比例数据和非比例数据，只要该数据能够反映决策单位投入面或产出面的主要指标即可。另一方面，在 DEA 中模型的权重由数学规划根据数据产生，不需要事前设定投入与产出的权重,因此不受人为主观因素的影响。而事前设定权重的方法,如专家评估法,容易受到人为主观因素的影响。DEA 可以进行目标值与实际值的比较分析、敏感度分析和效率分析。可进一步了解决策单位资源使用的情况,供管理者经营决策参考。

以上效率评价方法的介绍和分析,通过比较各种方法的优点和缺点可知,数据包络分析法最适合分析网络融资效率。网络融资活动中的投入和产出指标是多样的,且评价指标存在复杂性,而数据包络分析法不需要考虑指标的量纲和提前确定生产函数,且不涉及人为的权数估计,因而避免了主观性造成的问题,同时还可以依据投影原理计算得出决策单元需要调整的方向和数值,为分析者提供客观合理的建议。

第四节 网络融资风险预警方法

风险是指一种情况的可能性;风险预警是指风险防范主体通过收集和分析大量的数据和信息,依靠先进的信息技术,构建预警指标模型和体系,监测各个方面发生的变化,以期在指标发生变化时能够提前采取一定的手段和方法进行管理,使企业按预期规划运行。本部分通过对风向预警理论基础与方法选择的阐述,为后文 P2P 网贷平台风险预警的实证研究打下坚实的基础。

一、风险预警的理论基础

(一) 经济周期理论

经济周期理论是指在经济运行中出现的经济昌盛和经济衰败的交替轮回的表象。按照经济周期波动理论,在一个经济周期中会依次呈现出衰退、增长退缩、经济苏醒和经济繁荣四个阶段,企业经营状况受经济影响也会相应地出现衰退、萧条、复苏和繁荣的情况。在整体经济环境良好的情况下,企业的生产运营相对较好;在整体经济运营较差的时候,企业会出现经营不善等情况,甚至破产倒闭。

（二）危机管理理论

危机管理理论最早由美国专家希斯提出，该理论由缩减力、预备力、反应力和恢复力四个方面购成，又称 4R 理论。该理论阐述的主要内容是，企业可以通过采取预防危机的措施达到长久生存的目的。首先，该理论本质的内容是最大程度减少资源耗用，节约资源应对危机；其次，通过对环境的监测，及时发出信号并快速反应；再次，企业快速做出反应以应对突发危机；最后，在有效解决已发生的风险问题后，进行后续管理。

二、风险预警方法选择

随着风险预警理论的发展，风险预警的评估方法也在不断改善，主要有单变量模型、Probit 模型、神经网络模型、主成分分析模型、二元 Logistic 回归模型。单变量模型具有容易理解、方便使用的优点，但模型效果的精度不高，因此在经济迅速发展的今天，越来越无法对企业失败风险进行准确的预测；Probit 模型对数据要求较高，要求假定企业样本的概率分布是正态的，并且概率的大小和评价指标之间有联系；神经网络模型是由各个单元组成层，再由各层形成交汇的网络，神经网络模型不需要样本服从特定分布，模型结果有明显的容错性和纠错能力，但要求样本非常多；主成分分析模型可以用综合加权平均值来预测企业是否发生风险危机，但在确定风险预警范围时往往有一定的主观性；二元 Logistic 回归模型对数据要求较低，不符合多元分布和等协方差的数据也可以使用，模型的实证结果通过概率分布进行验证。因此，在构建风险预警时使用结合主成分分析模型和二元 Logistic 回归模型的混合模型。运用主成分分析法进行降维处理，采用二元 Logistic 回归模型对预警模型进行实证分析。

（一）主成分分析法

主成分分析法主要运用降维的方法，将数量较多的指标转换成少量的几个综合指标进行分析，使问题在能够简便处理的同时仍然不失科学性。在主成分分析法中假设有 p 个原有变量 $x_1, x_2, x_3, \cdots, x_p$，这些变量在标准化处理后，符合标准正态分布，现将这些初始数据用 $k(k<p)$ 个综合因子 $f_1, f_2, f_3, \cdots, f_k$ 的线性方程组合表示，线性方程组合公式见式（2-1）。

$$\begin{cases} x_1 = a_{11}f_1 + a_{12}f_2 + a_{13}f_3 + \cdots + a_{1k}f_k + \varepsilon_1 \\ x_2 = a_{21}f_1 + a_{22}f_2 + a_{23}f_3 + \cdots + a_{2k}f_k + \varepsilon_2 \\ x_3 = a_{31}f_1 + a_{32}f_2 + a_{33}f_3 + \cdots + a_{3k}f_k + \varepsilon_3 \\ \qquad\qquad\qquad \vdots \\ x_p = a_{p1}f_1 + a_{p2}f_2 + a_{p3}f_3 + \cdots + a_{pk}f_k + \varepsilon_p \end{cases} \quad (2-1)$$

1. KMO 检验和 Bartlett 球形检验

KMO 检验是为了分析一个要素与另一个要素之间的紧密程度和单独两个要素之间紧密程度的指标。详见式（2-2）。

$$\mathrm{KMO} = \frac{\sum_i \sum_{j \neq i} r_{ij}^2}{\sum_i \sum_{j \neq i} r_{ij}^2 + \sum_i \sum_{j \neq i} p_{ij}^2} \quad (2-2)$$

KMO 的数值越接近于 1，用因子分析方法越贴切，实际中，KMO 值大于 0.5 即可。Bartlett 球形检验的目的是为了测试是否可以使用因子分析方法，若进行分析得到的数值越大，证明用因子分析法越贴切；若处理结果得到的数值越小，说明用因子分析方法不恰当。

2. 因子载荷的求解

在因子载荷求解中，主成分分析法经常被广泛使用。主成分分析法使用坐标变换的技术措施，将初始的 p 个相关变量进行线性组合提供初始解。详见式（2-3）。

$$\begin{cases} y_1 = \mu_{11}x_1 + \mu_{12}x_2 + \mu_{12}x_3 + \cdots + \mu_{1p}x_p \\ y_2 = \mu_{21}x_1 + \mu_{22}x_2 + \mu_{22}x_3 + \cdots + \mu_{2p}x_p \\ y_3 = \mu_{31}x_1 + \mu_{32}x_2 + \mu_{32}x_3 + \cdots + \mu_{3p}x_p \\ \qquad\qquad\qquad \vdots \\ y_p = \mu_{p1}x_1 + \mu_{p2}x_2 + \mu_{p2}x_3 + \cdots + \mu_{pp}x_p \end{cases} \quad (2-3)$$

式中，$\mu_{i1}^2 + \mu_{i2}^2 + \mu_{i3}^2 + \cdots + \mu_{ip}^2 = 1(i = 1, 2, 3, \cdots, p)$，最大的比例总方差是 y_1，最有能力聚合原始变量，其余主成分分别是 y_2，y_3，$\cdots$，y_p。

总方差的比例依次减少。在实践中，只保留且只需要保留少数方差较大的因子。因子分析初始解释其中的 p 个特征值和其一致的特征向量。

因子载荷矩阵计算详见式（2-4）。

$$A = \begin{bmatrix} \alpha_{11} & \cdots & \alpha_{1p} \\ \vdots & \ddots & \vdots \\ \alpha_{p1} & \cdots & \alpha_{pp} \end{bmatrix} = \begin{bmatrix} \mu_{11}\sqrt{\lambda_1} & \cdots & \mu_{p1}\sqrt{\lambda_p} \\ \vdots & \ddots & \vdots \\ \mu_{1p}\sqrt{\lambda_1} & \cdots & \mu_{pp}\sqrt{\lambda_p} \end{bmatrix} \quad (2-4)$$

由于主成分分析的目的是压缩变量数额,实际选择时选择少于初始变量数额的数值,可以假定为从 p 个中选取 k 个数,于是在计算载荷时,只要选定的 k 个特征值和相对的特征向量即可。包含 k 个因子的因子载荷矩阵见式(2-5)。

$$A = \begin{bmatrix} \alpha_{11} & \cdots & \alpha_{1k} \\ \vdots & \ddots & \vdots \\ \alpha_{p1} & \cdots & \alpha_{pk} \end{bmatrix} = \begin{bmatrix} \mu_{11}\sqrt{\lambda_1} & \cdots & \mu_{k1}\sqrt{\lambda_k} \\ \vdots & \ddots & \vdots \\ \mu_{1p}\sqrt{\lambda_1} & \cdots & \mu_{kp}\sqrt{\lambda_k} \end{bmatrix} \quad (2-5)$$

式中,选定的 k 个特征值的一般选取原则是特征值大于 1。

3. 因子的命名

通过因子旋转的主成分分析可以再次分配各个因子解释原始变量方差的比例,使想要的因子更简明扼要,然后依照旋转后的因子对主成分反映的最初因子进行命名处理。

4. 计算因子得分

最后按照原有变量计算因子得分,见式(2-6)。

$$F_{jt} = \varpi_{j1}x_{1i} + \varpi_{j2}x_{2i}\varpi_{j3}x_{3i} + \cdots + \varpi_{jp}x_{pi} \quad j = 1, 2, 3, \cdots, k \quad (2-6)$$

(二)二元 Logistic 回归模型

用主成分分析法降维处理后,构建二元 Logistic 回归模型进行风险预警,详见式(2-7)。

$$\ln\frac{p}{1-p} = \beta_0 + \sum_{i=1}^{k}\beta_i x_i \quad (2-7)$$

为了更好的反映概率 P 和自变量之间的非线性关系,将上式更换为(0,1)型的 Sigmoid 函数,变更之后的函数见式(2-8)。

$$P = \frac{1}{1 - \exp[-(\beta_0 + \sum_{i=1}^{k}\beta_i x_i)]} \quad (2-8)$$

通常把 P 当作事件发生的概率,把 $1-P$ 当作事件未发生的概率,进而可以把其变成 y 是 0-1 型分布的简单的回归模型,模型见式(2-9)。

$$\text{Logit } P = \beta_0 + \beta_1 x_1 + \beta_2 x_2 + \cdots + \beta_i x_i \quad i = 1, 2, 3, \cdots \quad (2-9)$$

通过式（2-9）可以分析不同因素的自变量对 Logit P 的影响。

1. 模型方程的显著性检验

模型方程的显著性检验应该关注对数似然比的分布，由于对数似然比是未知的，因此应该关注似然比卡方，于是有式（2-10）

$$\ln\left(\frac{L}{L_{x_i}}\right) = -2LL - (-2LL_{x_i}) \tag{2-10}$$

如果似然比卡方的概率 P 小于在假设时制定的显著性水平 α，原假设不成立，则目前等式成立，等式描述的线性方程成立；否则，原假设成立，则目前等式不成立，等式描述的线性方程不成立。

回归系数的显著性采用 Wald_i 统计量进行查验，数学定义见式（2-11）。

$$\text{Wald}_i = \left(\frac{\beta_i}{S_{\beta_i}}\right) \tag{2-11}$$

若是某一个解释变量 Wald_i 对应的概率 P 小于已知的显著性水平 α，原假设不成立，则这个解释变量的等式方程系数不为 0，该变量和被解释变量之间存在相应的线性方程；反之，回归系数很可能为 0，不存在明显的线性关系。

2. 回归方程的拟合优度检验

Cox&Snell R^2 和 Nagelkerke R^2 统计量均反映方程对被解释变量变差解释程度。Cox&Snell R^2 公式见式（2-12）。

$$\text{Cox\&Snell } R^2 = 1 - \left(\frac{LL_0}{LL_K}\right)^{\frac{2}{n}} \tag{2-12}$$

式中，LL_0 为只包括常数项时的最大取值，LL_K 为当前方程的最大取值，n 为样本量。

Nagelkerke R^2 是修正的 Cox&Snell R^2。Nagelkerke R^2 公式见式（2-13）。

$$\text{Nagelkerke } R^2 = \frac{\text{Cox\&Snell } R^2}{1 - (LL_0)^{\frac{2}{n}}} \tag{2-13}$$

式中，Nagelkerke R^2 的数值区域在 0 到 1 范围内，数值越大，方程的拟合优度越高。

3. 混淆方程

混淆方程是一种直接判断方程好坏的方法，以矩阵表格形式表示模型预测值与实际观测值的一致性程度。其一般形式如表 2-4 所示。

表 2-4 混淆方程表

		预测值		
		0	**1**	正确率
实际值	0	f_{11}	f_{12}	$\dfrac{f_{11}}{f_{11}+f_{12}}$
	1	f_{21}	f_{22}	$\dfrac{f_{22}}{f_{21}+f_{22}}$
总体正确率		\multicolumn{3}{c}{$\dfrac{f_{11}+f_{22}}{f_{11}+f_{12}+f_{21}+f_{22}}$}

在表 2-4 中，f_{11} 是实际值为 0、预测值也为 0 的个数；f_{12} 是实际值为 0、预测值为 1 的个数；f_{21} 是实际值为 1、预测值为 0 的个数；f_{21} 是实际值为 1、预测值也为 1 的个数。通过各栏中的正确率就可以直接显示方程的好坏，即正确率数值越高，模型方程越好。

4. 风险预警的判定

根据式（2-8）可以计算出来概率 P 值，实证结果中概率 $P \geqslant 0.5$，则平台为风险危机型；如果概率 $P < 0.5$，则平台为风险正常型。

第三章
中小企业融资方式选择的实证研究

第一节 中小企业融资现状分析

在我国,资金缺口一直是制约中小企业生存和发展的首要因素。虽然近年来国家对中小型企业越来越重视,在融资方面的有利条件和积极因素在不断增多,但由于中小企业的数量庞大、融资困难的原因各异、资金问题涉及面较广,大多数中小企业仍然面临着非常严重的融资约束。本节从四个方面剖析我国中小企业的融资现状,以求对我国现阶段中小企业的融资状况给出全面的展示,对我国中小企业的融资困境进行分析[100]。

一、中小企业发展现状

中小企业对于国家的经济腾飞具有非常大的贡献。近年来,国家不断完善中小企业法律体系、不断推出优惠政策,既为中小企业的发展保驾护航,也增加了创业者的信心,中小企业数量不断增加。据统计,我国现存的中小企业数量占我国企业总数的97%以上。根据2016年的最新统计,我国中小企业达37万户,实现营业收入72.2万亿元,占工业企业主营业务收入的62.7%,税收贡献率在50%以上,并在科研成果方面占有65%的发明专利,设计和开发了80%的新产品[101]。

中小企业在快速发展的过程中也会面临诸多的问题。比如,因信用评价较低无法在融资市场上与大企业竞争,财务制度不够健全,银企之间信息不对称,企业发展受自身资金限制等。据国家工信部的统计数据,我国中小企业亏损较为严重的情况,主要是由资金短缺、汇率波动、原材料与人工成本上涨等原因造成的。据统计，2016 年我国中小企业中规模以上的企业亏损面为 11.9%，相比较 2015 年缩小了 1.2%，亏损面虽然有所缩小，但仍需要警惕企业融资难、亏损率较高的态势。这些数据让我们不得不重视中小企业的困境，关注企业发展动态和面临的问题。

（一）我国中小企业所有制特征显著

目前我国中小企业群体中，国有企业占小部分，大部分是非国有制企业，呈现多元所有制的局面。非国有中小企业的组成形式有个人所有、合伙所有、合作所有、混合所有、资产集体所有以及外资所有。此外，农民自筹资金创办的乡镇企业也是我国中小企业集群当中的重要组成部分，包括个体创办、村集体创办、联合创办和乡（镇）政府创办四种方式。在经营状况上，国有制中小企业比非国有制中小企业亏损面更大，主要原因在于国有制企业存在的监督机制不足、效率较低、产权归属不清晰的问题使企业行为不能够自主控制，而非国有制企业能够实现企业自主经营、追求利润最大化，并具有良好的激励机制和淘汰机制，能够调动员工的积极性，从而能够创造更大的价值。因此，在企业发展过程当中，既要注重企业文化及激励机制的建设，也要注重股权结构的调整。

（二）企业区域分布差异较大

从全国中小企业分布来看，我国中部和东部的中小企业数量高于西部；在中小企业在全部企业的占比上，东部高于中部和西部。这与东部地区经济发达、政策条件好、贸易往来方便息息相关；东部企业数量更多，这有利于企业之间在竞争中发展和进步；此外，东部企业比西部的企业更容易获取融资。目前我国中小企业在区域分布上存在不平衡的现象，东部和中部的中小企业数量高于西部地区；在东部，中小企业在全部企业中的占比高于中西部；再加上东部地区经济实力总体更强、相关政策扶持更多，金融环境便于企业融资、激烈的竞争环境促进企业优胜劣汰等因素，使得东部地区的中小企业发展得更好。中小企业的发展也能够带动当地就业人口增加、产业发展甚至经济发展。所以东部的中小企业对地区经济的贡献量比西部企业更大。目前，我国在持续关注中小企业的融资难题和地区发展不平衡局面，也在为解决这些难题不断推出和完善相关的政策措施。

无论在融资市场竞争中还是在行业竞争中，与大型企业相比，中小企业总是存在一定劣势。但中小企业与国民经济息息相关，国家鼓励具有良好前景的中小企业的发展。中小企业发展受限的问题亟待解决，由于中小企业数量庞大，经济贡献显著，能够推动科技创新、技术发展、增加就业率，并能促进国际贸易的发展，因此在我国市场经济中非常重要，应该给予重点关注[102]。

二、中小企业融资特点

中小企业融资方式主要包括内源融资、外源融资和民间融资。其中，内源融资是在企业中普遍存在的一种融资方式，具有自发产生、抵抗风险和降低成本的特点。外源融资主要以银行借贷方式为主，企业需要满足银行贷款划分标准，按期偿还本金和利息。民间融资的出资人一般是国家法定金融机构之外的个人或组织，他们以取得高额利息为目的。

（一）内源融资是主要方式

内源融资具有自发性、抗风险和低成本的特点，利用企业经营活动产生的资金在企业内部融通，主要包括企业的内部留存以及折旧。我国的中小企业大多是有限责任公司，向企业外部投资分红较少，除去税收以及其他一些费用，剩余的资金可以积累再投资，从而形成了企业的内源融资。内源融资是企业把自身资金（主要包括留存盈利、折旧和定额负债）演变为投资的过程。企业利用内源融资筹备资金的方式主要有自有资金、留存收益、资本投入、计提折旧、闲置资产变现、国家资金扶持、应收账款转让等。内源融资是我国中小企业在起步阶段最为重要的融资途径，是中小企业赖以发展的立足之本。

我国中小企业的企业主集权化比较明显，企业主掌握着企业的重大决策权。为保持对企业的控制权，企业主往往不愿意通过资本市场进行融资；银行贷款又有许多限制条件，并且贷款手续复杂、贷款成本高。因此，我国大多数中小企业都偏向内源融资。无论是在企业的初创期、成长期还是在其他发展时期，内源融资都是我国中小企业的主要融资方式。经营年限在3年以下、3~5年、6~10年以及10年以上的中小企业，内源融资均占到80%以上。且不论企业筹集的资金是用于固定资产投资还是用于流动资金以满足日常经营的需要，内源融资都是中小企业主要的融资方式。

由此可见，无论在何种年代、处在何种成长阶段，也无论规模大小，内源融资都是我国中小企业的主要融资方式。由于我国的中小企业几乎不能提供抵押品、质押品，或担保品无法满足银行要求，因而很难从银行获得贷款，或即使能够获得融资，成本一般也较高，这给企业的生存带来较大压力。当前我国的资本市场准入门槛较高，中小企业一般也很难通过发行证券融资。以上因素使内源融资成为我国中小企业的主要融资方式。

（二）外源融资以银行贷款为主

外源融资是企业通过一定的方式向企业之外的其他经济主体融通资金的方式。外源融资的方式主要包括：银行贷款、发行股票和发行债券。除此之外，企业的商业信用以及融资租赁在一定意义上也属于外源融资。当企业生产规模扩大或追求技术创新时，内源融资可能很难满足企业的资金需求，企业此时需要向银行贷款，或通过在资本市场发行股票或发行债券进行融资，或通过其他途径筹得资金。

银行贷款是银行根据国家政策以一定利率将资金放贷给资金需求者并约定期限归还的经济行为。在不同的国家或在国家的不同发展时期，银行贷款类型的划分标准是不同的。我国的银行贷款划分标准如表3-1所示。对于不同的贷款方式，贷款审批标准和贷款利率均不同，企业可以根据自身对资金的需求情况选择贷款方式。

表3-1 我国银行贷款划分标准

分类方式	贷款种类
偿还期限	短期贷款、中期贷款和长期贷款
偿还方式	活期贷款、定期贷款和透支
贷款担保条件	票据贴现贷款、票据抵押贷款、商品抵押贷款和信用贷款
利率约定方式	固定利率贷款和浮动利率贷款
贷款的用途	流动资金贷款、固定资金贷款、科技开发贷款和专项贷款
贷款金额大小不同	批发贷款和零售贷款

中小企业申请银行贷款需要提供抵押物、质押物等担保品，或借助第三方担保机构。银行贷款的本金及利息需要按约定日期偿还，超过约定日期企业就要缴纳违约金、滞纳金等，企业提供的抵押物、质押物有被没收、拍卖的风险。因此，银行贷款有偿还风险。由于大多数中小企业的场地所有权归政府所有，无法抵押给银行，很多机器设备也无法达到银行抵押标准，并且在企业借贷中很少有企业要求第三方担保机构介入，因此，我国中小企业申请银行贷款的参与主体主要是银行和中小企业。

另外，由于受全球金融危机以及欧美债务危机的影响，近几年我国宏观经济一直处于"疲软"的状态。受此影响，我国的中小企业一直处于风口浪尖，企业生产能力过剩使得库存积压严重，资金周转困难的现象普遍存在。许多温州企业因此倒闭、破产，企业主"跑路"的现象也比比皆是。企业盈利能力下降，企业很难进行内源融资，只能选择外源融资。但我国的中小企业大多是有限责任公司，并且中小企业注册资本数额低，很难达到资本市场的准入门槛。商业信用只能在采购环节利用，且数额较小、期限较短，一旦错过约定的付款时间还会对企业的商业信用产生不良影响。另外，运用融资租赁也并不能有效地解决中小企业资金短缺问题，所以商业信用以及融资租赁都不能成为企业主要的外源融资方式。虽然银行贷款成本高，手续繁杂，但相比于其他融资方式速度快、融资数额大。从我国社会融资方式的占比权重来看，目前，企业社会融资中银行贷款占比为54.84%，承兑汇票占比为11.26%，企业发债占比为16.5%，融资性信托占比为7.66%，融资租赁占比为3.95%，保理占比为0.44%，小贷公司占比为0.87%，互联网金融（网贷）占比为1.10%，上市公司股权质押占比为3.39%[103]。对于中小企业而言，由于规模小，经营不稳定，缺乏足够的抵押品、盈利水平差等原因，很难通过发行债券、股权融资等途径得到融资。民间借贷市场虽然能够更快地解决企业的燃眉之急，但风险较高。因此，银行贷款仍然是我国中小企业融资的首要渠道。

（三）民间融资普遍存在

民间借贷又称"个人信用"或"民间信用"。脱离正规金融机构的供给方为了获取高额利息，需求方为了取得资金使用权，因而资金供给方与需求方之间通过民间借贷、社会集资、民间有价证券融资以及民间票据融资等形式形成了借贷行为。

大多数民间资本的利息比较高，有"高利贷"之称。由于民间借贷利息高，企业偿还的可能性较低，因此无论是民间投资者还是资金融入者都面临较高的风险。但大多数民间借贷的出资人和借资人比较固定，有着稳定的交易关系，同一个出资人可能长期向同一个借资人借出资金，同一个借资人也有可能长时间向同一个出资人借款，在这种情况中由于双方相对比较熟悉，风险就相对较低。民间借贷的参与主体为中小企业以及民间投资者两方。

许多中小企业的生存之地是不发达的城镇或农村地区，当地的正规金融服务空间可能较小，并且当前的正规金融对中小企业的限制条件较多。许多正规金融机构都要求企业提供抵押品、质押品，或要求企业借助第三方担保机构或担保人,甚至有些正规金融机构要求企业贷款的担保人必须是有编制的事业单位工作人员,比如教师、公务员。面对如此苛刻的条件,中小企业只能向民间投资者融资。虽然一些民间投资者要求的借款利率可能高于正规金融机构,但是由于民间融资具有手续灵活、简便、弹性较大的特点,许多企业反而更倾向于向民间投资者借入资金。当前人们的收入水平都在逐渐升高,相较于收入水平,消费水平则相对较低,并且目前的存贷款利率差还比较明显,所以许多人不愿意把钱直接存入银行,因此在民间就流动着大量的闲置资金。并且,许多民间投资者对于融资者来说是长期固定的资金提供者,彼此间已经产生了较高的信用,所以对于本金和利息的偿还期限都有一定的弹性,不像正规金融机构,超过偿还期限还要上缴违约金、滞纳金。

随着经济的逐步增长,我国农村、城镇居民家庭平均收入也在持续增长,我国农村、城镇居民家庭平均每人年可支配收入如表 3-2 所示。从表 3-2 可以看出,无论是我国农村居民的可支配收入,还是城镇居民的可支配收入都在逐年递增,且增长速度越来越快,规模也越来越大。在我国农村、城镇居民可支配收入增长的同时,居民个人的投资速度也在逐步增长,但投资的增长速度一般跟不上收入的增长速度,而个人投资股票、债券等证券的风险又大,因此居民的闲散资金会投向民间资本,这使得民间资本规模逐渐增大。

表 3-2 农村、城镇居民家庭平均每人年可支配收入 （单位：元）

	年份	2012	2013	2014	2015	2016
农村	人均可支配收入	7917	9430	10489	11422	12363
城镇	年份	2012	2013	2014	2015	2016
	人均可支配收入	24565	26467	28844	31195	33616

注：数据来源：中国统计年鉴（2017）。

三、融资方式新趋势

我国中小企业融资方式逐渐呈现多元化趋势,主要构成如图 3-1 所示。传统的中小企业主要采用内源融资以及银行贷款两种方式进行融资,但随着中小企业数量以及规模的增长,内源融资以及银行贷款已经很难满足企业对资金的需求。为了增加中小企业融资的来源途径,我国在 2004 年创立了中小板市场,并且同年 6 月 2 日发行了第一只股票,但许多中小企业无法达到进入中小板市场融资的条件。因此,为了增加中小企业进入资本市场融通资金的机会、降低融资难度,我国于 2009 年在深圳证券交易所又创立了创业板市场。

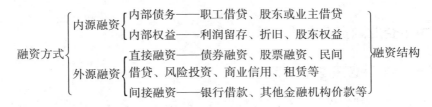

图 3-1　中小企业融资方式构成图

随着游离于正规金融机构之外的民间资本规模的扩大以及计算机网络技术的发展,各种网络借贷平台也迅速发展起来,许多中小企业也试图通过第三方网络借贷平台进行融资。"阿里贷款""红玲创投"以及"人人贷"都是当前民营中小企业比较信赖的 P2P 网络融资平台。有银行介入的 P2B 网络融资模式也处在萌芽阶段。相信随着各种政策法规的不断完善以及科技的进步和发展,P2P 网络融资模式以及 P2B 网络融资模式会被更多中小企业关注和使用。

企业还可以通过融资租赁实现直接融资,以缓解企业因没有资金而无法购买设备的困难局面。融资租赁不仅可以帮助企业解决资金周转问题,还可以避免企业因设备技术进步问题而被淘汰的风险,提高了引进新型的企业生产技术和设备的速度。融资租赁是当前中小企业可以利用的融资方式。

此外,许多中小企业还运用商业信用、海外融资以及典当融资等融资方式进行融资。由此可见,当前我国中小企业的融资方式逐渐呈现多元化趋势,并且以后还会出现更多可供中小企业选择的融资方式。

第二节　中小企业融资存在的问题及成因

众所周知,中小企业既能推进国内经济快速发展,也能对资源进行优化配置,提供很多的就业机会,在推动科技创新的同时,促进了市场经济的繁荣发展,甚至对维护社会稳定发挥了不可替代的作用。它是实现国内经济社会发展和经济转型的重要组成部分。据国家工信部不完全统计,截止到 2016 年,我国中小企业对 GDP 的贡献超过 65%,税收贡献占 50% 以上,出口超过 68%,吸收了

75%以上的就业。在中小企业日渐成为民营企业中坚力量的当下,国内中小企业融资存在的问题成为国内中小企业发展过程中很难跨越的一道障碍[104]。

一、中小企业融资存在的问题

(一)内源融资积累能力低

全球金融危机以及欧美债务危机以后,我国宏观经济一直处于"疲软"状态,国内各行各业的经济形势都不容乐观。宏观经济形势的低迷导致企业出口下降,市场需求降低,但产品的原材料购进价格以及用工成本都急剧增加,这对企业造成销售不畅、产品积压、盈利下降、利润降低等不利影响。而中小企业由于规模较小,产品销售不畅以及原材料价格上升更成为牵制其盈利的重要原因。企业盈利能力下降,就没有更多的资金可供企业留存再投资,从而使许多投资机会都不能被充分利用。

我国中小企业具有经营规模小、市场竞争大、抗风险能力弱、企业生命周期短、融资到期违约率高等特点,因此,考虑到收益与风险的不对等,金融机构不愿意贷款给中小企业,甚至会大幅度提高贷款利率。由于受到自身规模限制,国内中小企业融资难度和融资成本均比大型企业高很多。企业在经营的过程中不断积累储蓄资金,将储蓄资金转化为投资的过程即为内源融资,内源融资比较重视企业的内部积累。市场经济比较发达时,企业融资的首选方式就是内源融资形式。内源融资形式主要包含四种:一是计提固定资产折旧,二是留存盈余,三是内部债权融资,四是内部股权融资[105]。自由资金为内源融资来源,内源融资不稀释原有股东权益,并可获得税收方面的好处。但内源融资获得的资金比较少,战略投资者不易被企业吸引。计提固定资产折旧方式是指折旧融资,此种方式能够充分利用折旧抵税效应,显著降低中小企业的融资压力。留存盈余融资是指企业投资的资金来源于企业积累多年的利润(尚未进行分配)、盈余公积,此种方式不会增加中小企业的负担,可有效增加资本金、有效规避经营风险、充分保持原股东利益。向原股东配股为留存盈余融资的主要形式,可降低融资成本、减小融资风险、增强融资的自主性。内部债权融资是指当企业存在资金需求时,向企业利益相关者(如股东、员工)借款的筹资方式,以保证资金能够满足企业的运营需求[106]。内部股权融资是指将企业的部分股权出售给内部员工,员工购买股权的资金即可为企业经营使用,此种方式可以解决企业的融资需求,并提高员工忠诚度,但选择入股员工时存在一定的风险,需要十分地慎重[107]。

（二）获得银行贷款难

当前中小企业获得银行贷款难是众所周知的事实。根据调查数据显示，近年来中小企业及地方乡镇企业获得的银行贷款额度仅占银行放贷总额的7%。相比于大中型企业，中小企业申请银行贷款时被拒绝的比率也高出许多。

一是因为中小企业在扩大生产的时期，还没有意识到自身财务报告准确、透明的重要性。中小企业在向商业银行进行融资申请的过程中，往往不能提供财务报表或者不能提供有公信力的财务报表，导致银行不能有效地评估这一融资项目的财务风险和盈亏情况。中国经济时报针对银行系统做过一份中小企业信息透明度调研报告，75%左右的银行表示，中小企业信息相对不透明，虽然这种情况与目前我国征信系统尚不完善有关，但最主要原因是中小企业并不重视。这种财务信息上的不对称阻碍了中小企业获得融资，阻碍了拥有良好资信的中小企业的良性融资请求，导致我国中小企业虽然生命力旺盛、灵活多变，但是生命周期普遍不长。

二是因为中小企业自身资金不足且缺少能够利用自由资本市场进行融资的实力和项目。银行系统出于风险方面的考虑，会优先将融资配比于资产规模较大（抵押物充足）、抗风险能力强（经营情况良好）、财务报表透明的大中型企业，这导致中小企业很难通过银行贷款来满足自身的资金需求。同时，由于我国的大型商业银行占据着金融市场的主导和垄断地位，民营银行和中小银行的信贷配给并不能够满足中小企业的资金缺口，再加上政府扶持中小银行发展的政策执行不力等原因，商业银行系统并没有对中小企业融资规模小、频率高、需求急等特点提供针对性服务。单一的、卖方性质的服务使得中小企业很难通过银行系统获得充足的融资服务[108]。

（三）资本市场融资难以拓展

虽然为中小企业在资本市场融通资金的中小企业板市场与创业板市场相继建立，但资本市场中的中小企业数量仍然极少。当前，我国资本市场准入条件非常严格，企业必须连续三年盈利，并且注册资本达到5000万元以上才能进入资本市场融资。只有大多数国有企业以及大企业有可能达到以上标准，而中小企业则由于受到资本规模、所有制形式以及盈利状况的限制很难达到。

中小企业直接融资的资金来源主要是股票和债券市场。在债券市场上通过发行债券来获得融资属于债权融资范畴，这种债券需要企业偿还固定本金和利息，其好处是能够保持企业的控股权。但对于中小企业来说这种方式反而会加大企业的财务压力。通过股票市场获得资金的方式是将获得的资金组成新的股本，企业的财务压力较轻，但我国的股票市场主板的服务对象仍然是大中型企业。近几年进入资本市场的中小企业数量和融资金额有所增加，中小企业融资难的问题有所缓解，但是中小企业融资成本仍然很高，仍然面临融资难和融资贵问题。随着债券、证券市场对中小企业的开放和扶持，较大的企业更容易获得资金，融资难问题逐渐从中小企业向小微企业转移。创业板、中小板的服务对象集中在高新技术型企业。截至目前，全国新三板上市企业3270家，6000多万中小企业能够通过股票市场获得融资的比例低于万分之一。所以，当前我国的中小企业难以拓展在资本市场的融资。

（四）民间融资有待进一步规范

大多数民间融资是出资人和借贷者直接接触，没有第三方（如政府、正规担保机构）介入。因此，当借贷者无法偿还资金时，缺乏保障机制来保护出资人。当前，我国缺乏规范的法律法规以及管理制度，无法确保民间融资的安全稳定，尤其是"高利贷"的盛行更催生了许多企业主由于欠下巨额债务无法偿还而"跑路"的现象。

当前，我国立法对民间融资的确认及保护还十分模糊。现行民间融资相关的法律规定多为概括性的条款，散见于宪法、民法总则、合同法、证券法、刑法等法律及行政法规、规章及司法解释中，其规定原则性强、条款模糊、法律冲突明显。即使是现有的规定也只是倾向于维持社会稳定、金融秩序等公共利益，而对民间融资的主体等相关人的利益并未加以明确，这使得融资活动中应受保护的利益相关人的合理诉求得不到保护。民间融资法律制度的缺陷导致相关犯罪现象不断增多。近年来，不断涌现出的非法吸收公众存款、非法集资等刑事犯罪，导致社会不安定的因素越来越多。同时，法律制度的缺位使得政府监管也无法可依，民间融资发生的诸多问题也难以有效解决。有专家指出，在保护公民合法财产的立法精神指导下，国家应赋予资金合法拥有者更多的资本运营权利、应强化披露融资者的信息、加大打击信息造假者、营造直接融资的宽松环境，给投资者、融资者更多的决策自主权。虽然近些年来国务院、银监会出台了一系列鼓励与引导民间投资发展的若干意见，肯定了民间资本的积极作用，但这些规定只是停留在行政法规、部门规章一级，法律层级低、法律效力较小，难以改变我国民间金融法律制度缺位的现状。因此，积极合理引导民间资金流向、对民间融资行为进行有效规范、实现民间融资的正规化与合法化、逐步建立与完善民间融资机构的市场进入和退出机制,是规范民间融资发展的重要举措[109]。

二、中小企业融资难的成因

(一)企业信息成本提高

中小企业信息主要包括企业经营状况、财务状况、生产状况等信息。这些信息关乎中小企业的发展状况,一旦被竞争对手获得,将会给企业带来无法估计的损失,所以中小企业信息一般都具有保密性质,不能被外界获知。另外,中小企业由于资金实力薄弱,无法拥有健全的财务管理制度以及信息披露制度,所以也无法通过有效途径向外界提供可靠的信息。由此导致企业了解自身状况而外界无法了解企业真实信息的局面。

为了规避逆向选择以及道德风险问题,在银行向企业贷款的前后各环节中均需要通过各种途径获取其所需信息。商业银行向企业贷款的整个流程如图3-2所示。在整个贷款流程中,信息成本是必不可少的,典型的信息成本包括:①贷款申请环节,银行批准贷款前的信息搜集、整理及分析成本;②调查评估审批环节,贷款审批成本,抵押品价值估计分析成本;③贷款运营环节,批准贷款后的贷款跟踪监督成本,批准贷款后对企业财务状况以及经营状况等的分析与监督成本,抵押品管理成本等。而在资本市场融资,披露企业信息是必不可少的程序。要想进入资本市场发行证券融资,中小企业就必须先披露其信息,披露信息的前提是企业拥有健全的财务管理制度以及信息披露制度,并且需要企业拥有具有专业知识的财务管理人员,而这些前提均建立在增加企业披露信息成本的基础之上。

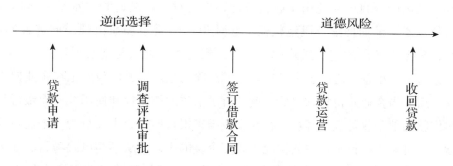

图3-2 商业银行贷款流程

对于银行来说，贷款风险最高的企业往往是那些最希望获得贷款的企业。对于企业来说，中小企业无疑是最希望获得贷款的企业，也就通常被银行认为是贷款风险最高的企业；中小企业信息又是最难获得的，所以银企之间的信息成本最高。由信息不对称引发的"逆向选择"和"道德风险"问题也就更容易产生。因此，在银企借贷活动展开之前，银行为了最大化规避贷款风险以及最小化信息成本，只批准将贷款借给极少数符合银行审批条件的企业，而风险较大、信息成本较高的中小企业则很难获得银行贷款或只能获得极小额度的贷款。在企业获得贷款后，银行对中小企业信息掌握不足，并且担心"道德风险"问题的发生，就需要加强对借款企业的监督，这必定增加银行的信息成本。反之，银行为了降低信息成本以及规避"道德风险"，就会减少向中小企业放贷。对于资本市场来说，信息不对称是对中小企业的否定，在信息不对称条件下根本无法进入资本市场。因此，解决银行与中小企业之间的信息不对称问题，就会增加银行信息成本，而高信息成本会降低中小企业从银行获得贷款的可能性。资本市场与中小企业之间的信息不对称问题是无法解决的，除非企业主动、完整披露信息，而这也将会增加企业的信息成本。

（二）银行实行信贷配给制

银行与中小企业之间存在严重的信息不对称问题，这导致银行向企业实施信贷配给的现象普遍存在。并且信息不对称会导致企业与银行之间的逆向选择和道德风险问题。信贷市场上的逆向选择是企业与银行发生借贷关系之前的信息不对称，信贷市场上的银行向所有的企业发放贷款时均采用统一的利率水平。当银行将利率提高到较高水平时，与银行签订借款合同的往往是那些项目风险较高的企业，低风险项目的企业由于收益较低，不愿意在较高的利率水平上承担较高的借贷成本，从而使项目风险较低的企业退出借贷市场而出现逆向选择问题。此时，贷款人的平均违约风险就会上升，银行的预期收益则会下降。

银行与中小企业之间也常常出现道德风险问题。道德风险发生在企业向银行借款之后。当企业获得贷款之后，就拥有了借款的控制权和使用权，而银行只能获得借款的部分收益权。客观上存在企业损害银行的机会主义行为，企业在取得借款之后可能在银行不知情的情况下改变资金的用途，从事高风险项目。如果高风险项目取得成功，企业将获得高额的收益，而银行仍然只获得资金的部分收益。如果高风险项目失败，银行有可能无法收回企业借款的本金和利息。中小企业通常为有限责任公司,在有限责任制下,常常从事高风险高收益的项目。因此,这更加促使银行对中小企业实行信贷配给制,而不愿意在较高利率水平上满足所有中小企业的贷款请求。

银行贷款利率与银行期望收益的关系如图3-3所示。从图3-3可以看出,当银行贷款利率$r<r^*$时,银行提高利率,其收益效用要大于风险效用,银行期望收益π随r的上升而上升;但当r超过r^*时,银行再提高利率,利率上升的风险效用就大于收益效用,银行期望收益π就随r的上升而下降。由此可见,银行存在一个最优的利率水平r^*,超过该最优利率水平时,银行宁愿实行信贷配给也不愿意在高利率水平下借款给企业。

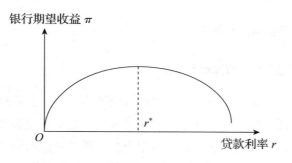

图3-3 贷款利率与银行期望收益

(三)企业难以进入资本市场

当前我国对于企业进入资本市场进行股份发行的行为实行核准制,核准制要求企业在发行股票时进行信息披露。所以,企业若进入资本市场融资则必须首先披露企业信息。但是我国的中小企业很难提供规范、合理的财务报表。并且中小企业的许多信息都需要保密,以防止竞争对手获得后危害企业安全。另外,即使中小企业可以提供财务报表,为了可以满足上市条件或保护企业真实信息,许多企业可能存在账实不符或账单不符等财务失真的问题。这造成了中小企业与资本市场的信息不对称问题。企业不能满足资本市场准入条件,无法进入资本市场融资。企业也不能提供准确的财务信息,容易引发道德风险问题,造成企业失信于投资者,严重时可能会使企业触犯法律、行政法规等。

总而言之,在信息不对称条件下,中小企业很难进入资本市场融资,这限制了中小企业融资方式选择的范围,使得中小企业融资更加困难。

第三节 中小企业融资方式选择的博弈分析

通过分析当前我国中小企业的融资现状、融资问题，可以看出我国中小企业的融资方式主要有内源融资、银行贷款和民间借贷三种。内源融资是企业的利润留存，在融资过程中不涉及其他投资主体，不存在信息不对称的情况，也不存在博弈行为的发生。为突出重点，本节从银行贷款与民间投资者两种融资方式入手，分析中小企业融资方式选择的博弈问题。

一、企业与银行的博弈分析

（一）参与人界定与博弈模型假设

参与人界定：由于中小企业大多以私营经济为主体，企业规模较小，在银行贷款中很难提供抵押物、质押物等担保品，即使一些企业能够提供，一般也很难达到银行提出的贷款审批标准；并且为中小企业提供担保的第三方担保机构通常自身都存在缺陷，无法获取银行信任，也不能为中小企业提供第三方担保。因此，假设中小企业向银行贷款时的参与人只有银行和中小企业两方。

中小企业通常不重视企业财务管理制度的建立健全，财务管理水平低，关于企业生产状况、经营状况以及财务状况等信息披露程度低，致使企业与银行之间出现了严重的信息不对称现象。中小企业了解自身的信息，并将不好的信息隐藏起来，银行无法获取到准确的企业信息，在贷款中容易产生"逆向选择"问题。而在企业获得贷款之后，银行由于不了解中小企业的真实信息，容易引发"道德风险"问题。因此，中小企业为了获得贷款，银行为了规避企业违约带来的信用风险，双方之间会进行"守信""不守信"与"授信""不授信"的博弈。为了确定双方的决策结果，构建博弈模型，并将研究问题简单化，提出以下假设。

假设一：银行与中小企业都是理性经济人。作为理性经济人，银行与企业都会规避风险，并在给定情况下或根据获得的信息做出对自己最有利的策略选择，以实现自身利益最大化。

假设二：银行与中小企业存在严重的信息不对称现象。中小企业了解关于自身的生产状况、经营状况、财务状况等信息，但银行不了解企业的这些信息。并且银行获得企业信息的成本很高，银行一般不愿意花费时间和精力去获取企业信息。另外，由于信息不对称，银行对中小企业生产经营过程中产生的价值流的可控性与变现性不确定，或者说对中小企业资产流动性以及资金流向的掌握程度低。因此，银行不能准确观察到中小企业的还款现金流，或者说银行对中小企业还款现金流的预期是不稳定的，无法确定贷款到期时企业是否有足够的现金还款。

假设三：银行与中小企业的博弈是非重复博弈。银行与中小企业的交易是一次性交易，并且不存在对未来交易的预期。因为由于审批成本高、手续繁杂，银行对中小企业的贷款意愿总是弱于对大企业或国有中小企业的贷款意愿，所以未来银行与企业进行交易的可能性也较低，不存在银行与企业预期未来交易的收益与损失。

假设四：银行外部监管治理机制不完善。当中小企业发生违约时，由于缺乏完善的外部监管治理机制，银行很难对企业实施惩罚。即使银行可以对企业进行惩罚，但由于较高的监管成本、错综复杂的监管环境，使得银行对企业实施惩罚的成本也要高于从企业处所能获得的补偿。

假设五：银行与中小企业的博弈是不完全信息静态博弈与不完全信息动态博弈。在申请贷款时，银行与中小企业会进行"贷款"与"不贷款"的不完全信息静态博弈。在中小企业获得贷款之后，由于存在惩罚机制，银行与中小企业又会进行"惩罚"与"不惩罚"的不完全信息动态博弈。

（二）企业与银行的静态博弈分析

1. 构建博弈模型

为便于分析中小企业与银行的博弈行为，构建博弈模型，假设中小企业向银行借入资金为 M，利率为 r；银行在向中小企业整个贷款审批过程中花费的成本为 C_a，其中包括了贷款过程中的审批成本与手续费用，银行花费的成本为 C_{a_1}，中小企业花费的成本为 C_{a_2}；中小企业在生产经营过程中产生的价值流为 V，并且有 $V > M(1+r) + C_{a_2}$，产生的利润为 π；基于银行外部监管治理机制缺失假设，银行对中小企业违约实施惩罚几乎是不可能的，即使能够实施惩罚，实施惩罚的成本 C_p 也大于银行获得的补偿成本 C_c，即有 $C_p - C_c \geq 0$；假设中小企业生产经营过程中的价值流 V 的可控性为 α，价值流 V 的变现性为 β，则中小企业的还款现金流为 $\alpha V \beta$，由于银行与中小企业的交易是一次性的，双方的交易关系不稳定，致使银行无法有效监控中小企业的还款现金流 $\alpha V \beta$，或者说银行对还款现金流 $\alpha V \beta$ 的可控性较差，体现在 α 与 β 均趋近于 0。

以下构建银行与中小企业的不完全信息静态博弈模型,以证明由于银行与中小企业的信息不对称。在银行授信环节,中小企业按期履约(守信)的承诺是不可置信的,因此容易产生逆向选择问题,难以形成银行与企业借贷双方信用的一致预期,即无法形成银行授信、企业守信的银企双方信用的博弈均衡。银行与中小企业的不完全信息静态博弈模型如表3-3所示。

表3-3 银行与中小企业的不完全信息静态博弈模型

企业 \ 银行	授信	不授信
守信	$\pi - Mr - C_{a_2}$, $Mr - C_{a_1}$	$-C_{a_2}$, 0
不守信	$\pi + Mr - C_{a_2} - \alpha V\beta$, $-M - Mr - C_{a_1} + \alpha V\beta$	$-C_{a_2}$, 0

2. 博弈均衡解及结果分析

基于假定中小企业与银行的交易是一次性的,企业价值流 V 嵌入企业还款现金流的程度比较低,即企业价值流的可控性 α 与变现性 β 均趋近于0。因此当中小企业不守信时,银行获得企业还款现金流 $\alpha V\beta$ 的可能性较低,而中小企业的价值流损失 V 却几乎为0。由此,对于银行有以下两种情况:

第一,中小企业守信。由于中小企业一般规模较小,在融资中具有贷款额度小、贷款期限短、贷款频率高的特点;同时,由于中小企业信用水平低,信用风险高,银行对中小企业的贷款审批程序相对大型企业或国有中小企业要烦琐许多,审批成本以及手续费也较高。因此,即使企业守信并如期履约还款,在企业贷款过程中产生的审批成本以及手续费 C_{a_1} 也往往高于银行从企业获得的利息 Mr。即有:$Mr - C_{a_1} < 0$,银行授信的收益小于0。因此,银行的最优策略选择是不授信,即银行不贷款给中小企业。

第二,中小企业即借方不守信。由于在中小企业与银行交易时没有不动产等抵押物,也没有第三方担保机构介入,同时企业价值流 V 嵌入还款现金流 $\alpha V\beta$ 的程度比较低,其可控性 α 与变现性 β 均趋近于0,即有:$V \approx \alpha V\beta \approx 0$。因此当中小企业不守信,即不偿还银行本金和利息 $M + Mr$ 时,企业的价值流损失 V 几乎为0。当企业不守信时,银行的收益为:$-M - Mr - C_{a_1} + \alpha V\beta$ 且 $-M - Mr - C_{a_1} + \alpha V\beta \approx -M - Mr - C_{a_1} < 0$。即当中小企业不守信时,银行授信的收益小于0。因此,当中小企业不守信时,银行的最优策略选择仍是不授信。

对于中小企业,也就是银行贷款中的借方而言,其收益也有两种情况:

第一，银行授信。中小企业守信的收益是：$\pi - Mr - C_{a_2}$。中小企业不守信的收益是：$\pi + M - C_{a_2} - \alpha V \beta$。由于中小企业不守信时，其还款现金流 $\alpha V \beta \approx 0$，因此有 $\pi + M - C_{a_2} - \alpha V \beta \approx \pi + M - C_{a_2} > \pi - Mr - C_{a_2}$。即银行授信时，中小企业守信的收益要小于不守信的收益，即企业不守信比守信获得的收益更高，因此，中小企业会选择不守信。

第二，银行不授信。即银行不贷款给中小企业，此时银行的收益为 0。由于企业在贷款过程中需要花费贷款成本，企业守信与不守信的收益均是：$-C_{a_2}$。此时企业守信与不守信对其本身没有影响，收益相同。

综上所述，在银行与中小企业存在信息不对称以及中小企业无法提供不动产等抵押物或不能运用第三方担保机构时，无论中小企业选择守信还是不守信，银行的最优策略选择均是不授信。根据重复剔除严格劣战略（剔除不可能战略）的方法，我们可以求出银行与中小企业博弈的均衡解，即银行的最佳策略是不授信，中小企业的最佳策略是不守信，由此形成银行与企业的博弈均衡解（不授信、不守信）。因此，无论中小企业是否守信，银行的最优策略选择均是不授信，即在信息不对称下银行不会贷款给中小企业。

（三）企业与银行的动态博弈分析

1. 构建博弈模型

现实生活中，中小企业与银行的借贷关系是动态发生的而非一次性的，属于动态的博弈过程。银行与企业的选择和行动有先后之分，后选择和行动的一方可以看到先选择和行动一方的策略选择和采取的行动，并据以进行最优策略选择和采取利益最大化的行动。因此，还需要对中小企业守信与不守信、银行惩罚与不惩罚的过程进行动态博弈分析。以下构建中小企业与银行的不完全信息动态博弈模型以证明由于银行外部监管治理机制不完善，银行在信息不对称的情况下贷款给中小企业以后，中小企业事后还款履约（守信）也是不可置信的。

利用海萨尼转换，将不完全信息静态博弈转换为不完全信息动态博弈后的博弈模型，如图 3-4 所示。在银行与中小企业的动态博弈模型中，如果银行选择不向企业贷款，即不授信，此时银行与企业的收益均为 0；如果银行选择授信予企业，即向企业发放贷款，如果企业守信，企业利用贷款进行投资之后获得的收益将是 $\pi - Mr - C_{a_2}$，银行在扣除审批成本 C_{a_1} 之后获得的收益则是 $Mr - C_{a_1}$。如果企业在获得贷款之后由于项目失败或经营不善而无法还清贷款即无法守信于银行，银行有两种选择：第一，银行对企业不进行惩罚，此时企业不需要偿还贷款本金，其获得的收益为 $\pi + M - C_{a_2}$，银行则会损失贷款本金和利息以及交易成本，其收益为 $-M - Mr - C_{a_1}$；第二，银行运用惩罚机制对企业实施惩罚，企业将损失其还款现金流 $\alpha V\beta$ 用于补偿银行，此时企业获得的收益为 $\pi + M - C_{a_2} - \alpha V\beta$，银行获得的收益为 $-M - Mr - C_{a_1} + \alpha V\beta + C_c - C_p$。

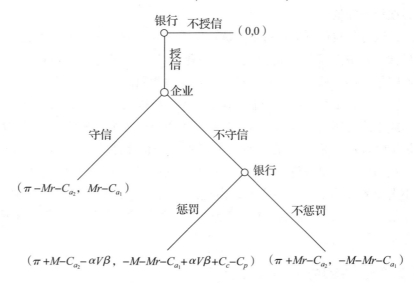

图 3-4　企业与银行的不完全信息动态博弈模型

2. 博弈均衡解及结果分析

现实中银行由于外部治理机制不完善，对中小企业的还款现金流 $\alpha V\beta$ 的可控性 α 几乎为 0，并且由于中小企业不能提供不动产等抵押物，银行从中小企业的抵押物中获取的补偿 C_c 也几乎为 0。另外，银行对中小企业不守信时实施的惩罚成本 C_p 较高，实施惩罚时所能获得的补偿 C_c 几乎为 0。因此，银行对企业实施惩罚时的收益 $-M - Mr - C_{a_1} + \alpha V\beta + C_c - C_p$ 小于不惩罚时的收益 $-M - Mr - C_{a_1}$。即有 $-M - Mr - C_{a_1} + \alpha V\beta + C_c - C_p \approx -M - Mr - C_{a_1} + C_c - C_p < -M - Mr - C_{a_1}$。因此，银行对中小企业实施惩罚是不可置信的。在此情况下，银行也不会贷款给中小企业。

综上所述，在银行贷款中，由于中小企业不能提供有效的不动产等担保物或借助第三方担保机构进行担保，并且我国银行外部监管治理机制还有待完善，致使银行向企业贷款过程中存在着较高的惩罚成本且通过惩罚所能取得的收益又较低。因此，根据逆推归纳法可以得出银行与中小企业博弈的均衡路径：不授信、不惩罚、不守信。由此可以看出，在银行与企业的贷款合约终结时，中小企业履约也是不可置信的。因此，银行的最优策略选择是不贷款给中小企业，所以在信息不对称并且无法提供担保的情况下，中小企业获得银行贷款的可能性较低，由此成为中小企业融资难的重要原因。

二、企业与民间投资者的博弈分析

（一）参与人界定与博弈模型假设

参与人界定：一些担保机构将汇集的民间资本，以高额的利息借出，形成了民间所谓的"高利贷"；有些企业获得的利润无法偿还利息，但这种情况只在少数地方存在，比如民间借贷非常盛行的温州。因此，本文不考虑有担保机构介入的情况，只考虑中小企业直接向民间投资者借款的情况，假设只有中小企业与民间投资者两方参与借贷。

民间借贷由来已久，许多中小企业在内源融资不足，银行贷款难以获得以及无法通过发行股票与债券融资时，就会向民间资本投资者借款。鉴于当前的借贷利率差以及严重的通货膨胀，将钱存入银行有时甚至出现"负利率"，所以许多资金富余的投资者并不会将钱存入银行。并且当前的经济状况不稳定，投资证券也会面临很大收益波动。因此，为了规避风险，许多投资者选择将资金借给有需求的个人和企业，以降低风险并获得高额的利息。虽然民间投资者一般将资金借给自己熟悉的个人或企业，但获得较高的回报就必须冒较高的风险，所以企业与民间投资者的借贷过程仍然是"守信""不守信"与"授信""不授信"的博弈过程。为了得到双方的决策结果，构建博弈模型，并将复杂的问题简单化，提出以下假设：

假设一：民间投资者与中小企业都是理性经济人。作为理性经纪人，民间投资者与企业都会根据掌握的信息规避风险，并在给定情况下选择对自己最有利的策略，以实现自身利益最大化。

假设二：民间投资者与中小企业几乎不存在信息不对称现象。民间投资者为了规避借贷风险，一般将资金借给具有稳定交易关系或是自己熟悉的个人或企业，对企业的生产状况、经营状况、财务状况等信息比较了解，所以假设民间投资者与中小企业不存在信息不对称现象。

假设三：投资者与企业特殊的信誉约束机制。由于民间投资者植根于"地缘""血缘""业缘"的三缘关系当中，有独特的信息获取机制和合约实施机制，能够对中小企业形成较强的信誉约束。并且信誉的"隐性成本"非常高，如果中小企业选择违约，其损失也非常大。由于信息获取机制和合约实施机制以及信誉隐性成本的存在，当中小企业逾期不还款时，民间投资者追究成功的概率较高，且实施惩罚的成本较低。

（二）企业与民间投资者的静态博弈分析

1. 构建博弈模型

由于中小企业向民间投资者借款大多通过熟人介绍，或与民间投资者已经形成了稳定的借贷关系，所以民间投资者对中小企业的信息掌握较多，可以将中小企业与民间投资者之间的博弈近似看作完全信息下的博弈。在双方交易过程中，信息大多是通过第三方或者是直接观察获得，成本较低。民间投资者与中小企业大多是直接交易，从而民间借贷者向企业放贷的交易成本 C_{a_3} 较低，一般低于向企业收取的利息 Mr，因此假设 $Mr - C_{a_3} > 0$；另外，由于民间投资者与中小企业往往具有稳定的交易关系，民间投资者可以有效监控中小企业的还款现金流 $\alpha V \beta$，即民间投资者对还款现金流 $\alpha V \beta$ 的可控性较强，体现在 α 与 β 均趋近于 1，并且 $V > M + Mr + C_{a_3}$，即企业的价值流 V 嵌入还款现金流 $\alpha V \beta$ 程度较高，足以支付企业的贷款成本并能够偿还本金及利息。

构建民间投资者与中小企业的信用形成静态博弈模型，证明民间投资者与中小企业在信息不对称程度极低的情况下，在民间投资者授信环节中小企业按期履约（守信）的承诺是可置信的，可以形成借贷双方信用的一致预期，进而形成银行授信企业守信的双方信用的博弈均衡。民间投资者与中小企业的博弈模型如表 3-4 所示。

表 3-4　企业与民间投资者的信用形成静态博弈模型

投资者 企业	授信	不授信
守信	$\pi - Mr - C'_{a_2}$，$Mr - C_{a_3}$	$- C'_{a_2}$，0
不守信	$\pi + M - C'_{a_2} - \alpha V \beta$，$- M - Mr - C_{a_3} + \alpha V \beta$	$- C'_{a_2}$，0

2. 博弈均衡解及结果分析

基于假定中小企业与民间投资者具有稳定的交易关系，企业价值流 V 嵌入还款现金流 $\alpha V \beta$ 程度较高，即企业价值流的可控性 α 与变现性 β 均趋近于 1，当中小企业不守信时，其价值流损失 V 极大。因此，对于民间投资者有以下两种情况：

第一，中小企业守信。由于中小企业与民间投资者交易中的信息成本极低、交易程序简单、不存在信息搜集和贷款审批等成本，并且民间投资者只有在较高利率水平上才愿意向中小企业借款，所以民间投资者所获得的利息 Mr 一般要高于花费的交易成本 C_{a_3}。有 $Mr - C_{a_3} > 0$，即当中小企业守信时，民间投资者的收益大于 0。因此，民间投资者的最优策略选择是授信，即民间投资者会借款给企业。

第二，中小企业不守信。由于在中小企业与民间投资者交易中的价值流 V 嵌入企业还款现金流 $\alpha V\beta$ 的程度较高，其可控性 α 与变现性 β 均趋近于 1，即民间投资者对中小企业的还款现金流 $\alpha V\beta$ 具有极强的可控性，则有 $\alpha V\beta \approx V > M + Mr + C_{a_3}$。当企业不守信时，民间投资者的收益为 $-M - Mr - C_{a_3} + \alpha V\beta$ 且 $-M - Mr - C_{a_3} + \alpha V\beta \approx -M - Mr - C_{a_3} + V > 0$，即当中小企业选择不守信时，民间投资者的收益也大于 0。因此，民间投资者的最优策略选择仍为授信，即在企业不守信的情况下，民间投资者仍会贷款给中小企业。

对于中小企业也有两种情况：

第一，民间投资者授信。中小企业不守信的收益为 $\pi + M - C'_{a_2} - \alpha V\beta$，且 $\pi + M - C'_{a_2} - \alpha V\beta \approx \pi + M - C'_{a_2} - V < \pi + M - C'_{a_2} - (M + Mr + C_{a_3}) = \pi - Mr - C'_{a_2} - C_{a_3} < \pi - Mr - C'_{a_2}$，即中小企业的企业不守信收益 $\pi + M - C'_{a_2} - \alpha V\beta$ 要小于守信的收益 $\pi - Mr - C'_{a_2}$，即企业守信比不守信获得的收益更高。

第二，民间投资者不授信。民间投资者不贷款给企业，其获得的收益将为 0，中小企业守信与不守信的收益均是 $-C'_{a_2}$。此时企业守信与不守信对其没有影响，收益相同。

综上所述，由于民间投资者通常比较了解中小企业生产、经营等信息或者与中小企业已经形成了稳定的交易关系，信息不对称程度较低。因此，即使在中小企业无法提供不动产等抵押物或不能利用第三方担保机构时，无论中小企业选择守信还是不守信，民间投资者的最优策略选择均是授信。根据重复剔除严格劣战略（剔除不可能的战略）的方法，我们可以求出民间投资者与中小企业博弈的均衡解，民间投资者的最佳策略是授信，中小企业的最佳策略是守信，由此形成民间投资者与中小企业（授信、守信）的博弈均衡。因此，无论中小企业是否守信，民间投资者最优策略选择均是授信，民间投资者会借款给中小企业。

（三）企业与民间投资者的动态博弈分析

1. 构建博弈模型

构建中小企业与民间投资者的信用形成动态博弈模型，证明在民间借贷过程中,由于中小企业信誉机制的建立以及信息不对称程度较弱,中小企业的事后履约(守信)也是可置信的。

通过海萨尼转换,将信用形成静态博弈模型转换为信用形成动态博弈模型后,民间投资者与中小企业的博弈格局如图 3-5 所示。如果民间投资者不贷款给中小企业,那么双方的收益都将为 0。当民间投资者选择向中小企业贷款时,若中小企业守信,企业获得的收益为 $\pi - Mr - C'_{a_2}$,民间投资者获得的收益为 $Mr - C_{a_3}$;若中小企业选择不守信,那么在信誉约束机制下,民间投资者可以选择对中小企业实施惩罚,实施惩罚的收益为 $-M - Mr - C_{a_3} + \alpha V\beta + C'_c - C'_p$,不惩罚的收益为 $-M - Mr - C_{a_3}$。

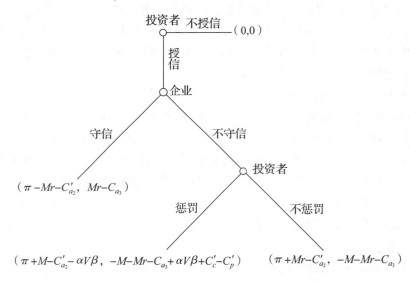

图 3-5 企业与民间投资者的信用形成动态博弈模型

2. 博弈均衡解及结果分析

基于民间投资者对中小企业的信誉约束机制,以及独特的获取信息方式和合约实施机制(可以解决民间投资者向中小企业贷款过程中的信息不对称问题),民间投资者对中小企业还款现金流 $\alpha V\beta$ 的可控性被提高,从而中小企业的负债履约机制能够被建立起来。企业价值流 V 的可控性 α 与变现性 β 均趋近于 1,一旦中小企业违约,基于信息约束机制,在信誉损失风险较高的情况下,企业也会将其还款现金流 $\alpha V\beta$ 用于归还借款;并且民间投资者的执行成本较低,有 $\alpha V\beta \approx V > Mr - C_{a_3}$;在民间投资者对中小企业的信誉约束机制下,可以在企业不守信时实施有效的惩罚,并且实施惩罚的成本 C'_p 低于惩罚后获得的补偿 C'_c,

即有 $C_c' > C_p'$。民间投资者对企业实施惩罚的收益 $-M - Mr - C_{a_3} + \alpha V\beta + C_c' - C_p'$ 大于不进行惩罚时的收益 $-M - Mr - C_{a_3}$，即有 $-M - Mr - C_{a_3} + \alpha V\beta + C_c' - C_p' > -M - Mr - C_{a_3} + C_c' - C_p' > -M - Mr - C_{a_3}$，民间投资者对中小企业实施惩罚是可置信的。因此，由于中小企业信誉约束机制的建立以及民间投资者与企业信息不对称程度较弱，中小企业的事后履约（守信）也是可置信的。

综上所述，在民间借贷中，中小企业信誉机制的建立以及民间投资者独特的获取信息的方式使信息不对称程度减弱，增强了对中小企业还款现金流的可控性，并且民间投资者对中小企业实施惩罚的成本较低。根据逆推归纳法可以得出民间投资者与中小企业博弈的均衡路径：授信、惩罚、守信。由此在民间投资者与中小企业贷款合约终结时中小企业的履约合约（守信）也是可置信的。因此，民间投资者的最优策略选择是贷款，中小企业可以从民间投资者处获得贷款。

第四章
中小企业网络融资效率的实证研究

第一节 影响中小企业网络融资效率的因素分析

从融资方中小企业角度出发,以河北省为例,通过河北省中小企业自身的因素来分析网络融资的效率问题和影响网络融资效率的因素。

一、融资期限及利率

融资期限是融资企业根据自身经营需要向网贷平台发布的资金的使用时间,短则几个月,长则几年,目前人人贷设置的期限最短3个月、最高36个月,通过实证分析的数据显示,河北省的样本企业在人人贷上的借款期限平均为22.17个月。网络融资的期限对融资的效率存在着一定的影响,由于借贷双方存在信息不对称,往往随着融资期限的增长,融资过程中存在的不确定性也随之增大,风险性也会变大。对较长期限的借款,由于贷款者面临着更高的不确定性,往往会顾虑更多,一般情况下会要求更高的借款利率来补偿这部分风险,但这种结论并不是绝对的。例如,优质的融资企业具有良好的信用记录和稳定的经营保障,这种结论就不会成立了。而且对于融资期限短的企业来说,短的用款时间并不意味着可以进行高效率的网络融资,有些企业有可能利用短期获利的方式进行高风险的投机活动,而这种风险最终转移给了债权人,所以债权人也会综合考虑贷款者的整体情况来决定是否进行投资。

借款利率是融资企业为得到所需的资金,承诺向债权人支付利息时用的利率。人人贷网贷平台规定的借款利率范围是10%~24%,通过实证分析的数据显示,河北省的样本企业在人人贷上的借款利率平均为12.4%。企业往往会通过提高借款利率的水平来促进融资的成功，但高利率也不意味着融资的高效率，投资人一方面会受高利率的吸引，另一方面又会对高利率产生顾虑，有时高利率会向投资人传递本企业风险高等不利信息，所以对于高利率的选择，融资企业应该慎重考虑。

二、信用等级及审核项目

人人贷认证体系包括信用等级和信用额度。信用等级是借款人的信用属性，也是理财人判断借款人违约风险的重要依据之一。通常来讲借款人信用等级越高，其违约率越低，借款成功率越高。信用等级由认证分数转化而来，不同的分数区间对应相应的等级，目前认证等级由高到低分为：AA、A、B、C、D、E、HR。在人人贷审核员完成对提供材料的审核工作后，借款人会从人人贷获得相应的信用等级和信用额度。信用额度既是借款人单笔借款的上限也是借款者累积尚未还清借款的上限。借款企业在力所能及的范围内提升自身信用等级，这是提高企业网络融资效率的重要方法。

借款人在通过全部"必要信用认证"后，可以继续上传材料进行各项"可选信用认证"，也就是完成其他的信用审核项目，包括信用报告、工作认证、收入认证、房产认证、购车认证、结婚认证、学历认证、技术职称认证、手机实名认证、微博认证、居住地证明等。这些非必要的信用审核，也逐渐成为一些借款人判断是否进行投资的重要依据，所以其他审核项目也会对网络融资效率产生重要的影响。

三、历史成功次数

历史成功次数是借款者在人人贷上过往投标满标的次数。历史成功次数是对借款者还款信用和还款能力的另一种证明，在人人贷的每一个借款标的借款详情中，可以看到历史成功次数被列示在信用档案中，有该借款企业申请借款的笔数和成功借款的笔数，良好的历史融资记录可以提升借款企业成功的可能性，所以历史成功次数对中小企业网络融资效率也会产生重要的影响。但是通过对人人贷平台上河北省中小企业的历史成功次数的统计，可以看出各个企业的差异不大，很多企业多为初次尝试网络融资，所以历史借款成功次数多为一次，只有少数企业的历史借款成功次数较多,而也有少数企业借款成功次数为负数,表明之前进行过多次投标但是失败的次数高于成功的次数。因此,分析借款者的历史成功次数对融资效率的影响十分重要。

第二节 中小企业网络融资现状

当前,越来越多的中小企业参与到网络融资中去,并且网络融资平台也在迅速地成长,数量和规模都在不断地扩大。在全国网络融资模式快速发展的大背景下,河北省的中小企业也在逐步意识到网络融资对其发展的意义,并参与到网络融资中去。因此,分析河北省中小企业网络融资的现状,对提升网络融资效率而言是十分必要的。

一、全国中小企业网络融资现状

近些年,我国的中小企业在国民经济发展中占有举足轻重的地位,是我国经济增长的重要动力之一。根据研究统计,中小企业贡献了我国 GDP 的 30% 以上,从 1990 年开始至今,提供了 75% 的城镇就业和 90% 的新增就业机会。由于中小企业在经济发展、推动技术创新以及就业等方面的意义重大,其发展也受到世界各国的普遍重视。

融资难问题长期困扰着成千上万的中小企业。与大中型企业不同,中小企业在生产规模、经营方式、组织结构等方面有其独特性,由于受到资产规模、变现能力、现金流量等因素的制约,在申请贷款时,中小企业会受到更严格的管控,在贷款政策方面也比大企业更苛刻,并且大都要求履行一定抵押担保手续。在起步阶段,由于动产或不动产的规模较小,中小企业在抵、质押物的数量和质量上都不能较好地满足银行要求,再加上市场反馈不积极等因素,中小企业通过银行进行融资的愿望很难实现。再有,随着我国金融体制的改革,国内的商业银行正在向全球一体化靠拢,参与市场竞争的强度也逐步加深,确定了以发展大客户、大企业为主导的战略目标,逐步收缩了对贷款审批以及发放的权限,这也是导致中小企业借款难的一个不可忽视的原因。中小企业的融资渠道过于狭窄,从根本上局限了中小企业的发展壮大、持续经营，这也是导致中小企业的停产甚至破产等经营管理问题的原因。

进入互联网时代，网络融资的兴起让中小企业在解决融资难的问题上看到了希望。根据网贷之家的数据，2017年全年网贷行业成交量达到了28048.49亿元，相比2016年全年网贷成交量（20638.72亿元）增长了35.9%。在2017年，P2P网贷行业历史累计成交量突破6万亿元大关，单月成交量均在2000亿元以上，且3月和7月成交量均超过了2500亿元。这些突破性数据体现了投资人对P2P网贷行业的信心。具体情况如图4-1所示。

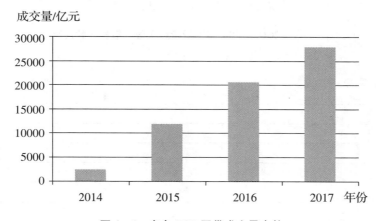

图4-1 各年P2P网贷成交量走势

注：资料来源：网贷之家。

据测算，2017年网贷行业投资人数与借款人数分别约为1713万人和2243万人，较2016年分别增加24.58%和156.05%，网贷行业人气热度不减。受限额政策的影响，不少平台向消费金融等小额业务转型，还有部分平台对接了现金贷资产，此类业务的共性是小额分散、涵盖的借款人多，这使得2017年借款人的数量和增长速度均超过投资人数。但随着现金贷监管力度的加强，2018年投资人数或将大于借款人数，预计分别将超过2100万人和2000万人。具体情况如图4-2所示。

截至2017年底，正常运营平台数量排名前三位的省市是广东、北京、上海，数量分别为410家、376家、261家。浙江紧随其后，正常运营平台数量为233家。四地占全国总平台数量的66.29%，表明我国P2P网贷行业平台地区集中度相对较高。这与P2P网贷行业的金融属性、地区政策支持力度都紧密相关，而河北省却相对较少。具体情况如图4-3所示。

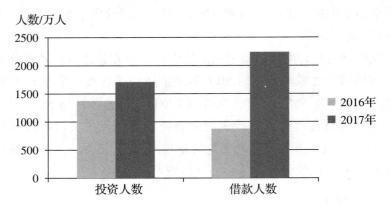

图4-2 2016、2017年网贷投资人数、借款人数对比

注：资料来源：网贷之家。

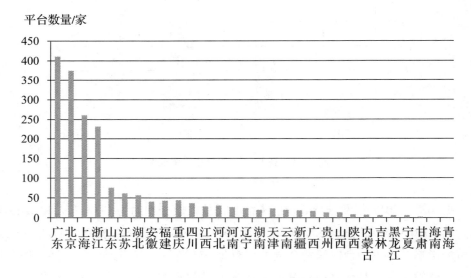

图4-3 2017年底各省区正常运营平台数量

注：资料来源：网贷之家。

通过以上分析可以看出，随着信息技术的飞速发展和金融与信息技术的有效结合，电子商务也在我国取得了蓬勃的发展；中小企业由于资金和技术实力的限制，开始借助第三方电子商务平台进行商品交易和解决融资问题。越来越多的中小企业转向第三方电子商务平台，第三方电子商务平台迅速积累了大量的客户资源。根据网贷之家统计资料，2017年P2P网贷行业退出行业的平台数量相比2016年大幅度减少，全年停业及问题平台数量为645家，而在2016年为1713家。问题平台数量占比持续降低，2017年问题平台数量仅占比33.49%，

66.51%的平台选择良性退出。这表明我国P2P网贷行业监管卓有成效,未来行业发展环境将更加健康。但是,目前网络融资主要集中在广东、北京、上海和浙江等地,河北省的运营平台数量还较少,因此河北省网络融资问题迫在眉睫。

二、河北省中小企业网络融资现状

(一)河北省中小企业融资现状

在河北省的经济发展中,中小企业对于缓解河北省的就业压力、增加财政收入、调整产业结构、促进经济发展多元化都做出了突出贡献。但是资金问题一直困扰着河北省中小企业的发展。根据一项关于河北省中小企业的调查,河北省中小企业融资的整体情况不好。在接受调查的1200家中小企业中,120家中小企业融资状态良好,占总样本数的10%,644家中小企业认为融资情况一般,占总样本数的53.7%,436家中小企业存在明显的融资困难的问题,占总样本数的36.3%。显然融资问题是当前河北省经济发展急需解决的问题。

在不同的发展阶段,中小企业对融资方式的选择有着不同的侧重点。从大方向来看,融资方式可以分为内源融资和外源融资,内源融资主要包括自有资金和折旧资金等,外源融资主要包括银行贷款和股票融资等。内源融资在中小企业融资过程中占有主要地位。不同的融资方式存在不同的问题,下面从具体的融资方式角度分析河北省中小企业融资难的问题。主要的两个问题是内源融资能力低且严重不足和外源融资渠道过窄且获得银行贷款困难。

1. 内源融资能力低且严重不足

河北省中小企业在成立之初大多是通过内源融资进行筹资的,在中小企业创立时,内源融资发挥着重要作用。内源融资主要由企业的留存收益和折旧构成。自2013年以来,宏观经济形势一直处于低迷状态,这对中小企业的冲击尤为显著,销售量的下降、成本的不断上升都导致盈利能力的下降,这使得企业没有多余资金进行留存再投资。除此之外,中小企业管理者的自我积累意识薄弱及自身素质不高导致在企业发展战略上缺乏长远计划,在利润分配上又存在短期化倾向,不注重从长远考虑为企业预留内部资金以补充企业未来发展所需。缺少现代折旧意识是内源融资不足的又一问题,过低的折旧率使得企业计提的折旧过少,在面对更换设备或是技术升级时,总是因为缺少资金而不得不维持现状,最终恶性循环失去市场。

2. 外源融资渠道过窄并且获得银行贷款难

中小企业可选择的外源融资方式不多，而且像延期发放工资或是延期偿还应付账款所形成的外源融资都会对企业的发展造成不利影响，并不适合作为融资的选择方式。总体来看外源融资的渠道过窄。中小企业获得银行提供资金的条件越来越严格，根据河北省中小企业局的一项统计报告，中小企业的平均贷款率为大型企业的 5 倍左右，而其每次的贷款额度平均只有大企业的 5% 左右，主要原因有三点：首先，银行对中小企业的贷款担保抵押条件要求严格，银行出于降低风险的目的，往往对中小企业要求严格的抵押担保条款，而很多中小企业的客观情况显然无法提供银行要求的担保或抵押；其次，中小企业贷款具有数量少、频率高、需求急、季节性的特点，而银行放贷往往是周期长、成本高、手续烦琐、程序繁多，与中小企业融资需求很不匹配，这使得中小企业通过银行贷款的效率降低；最后，与大企业相比，由于中小企业自身的缺陷和信息的不对称，中小企业很容易出现道德风险和逆向选择，银行对其贷款付出的单位成本远高于大企业，所以银行更希望把资金借给大企业，而这必然使中小企业获得贷款的机会变得更小。

（二）河北省网络融资的重要性

由河北省中小企业融资现状可以看出，无论是内源融资还是外源融资，都存在问题和困难。面对这样的现状，随着互联网电子商务的兴起，网络融资模式看准了市场，得到了快速的发展。由全国网络融资的概况分析可看出，网络融资模式迅猛发展，正在逐步成为中小企业融资的新出路。正是由于网络融资无须担保、成本低、周期短、手续便捷、成功率高等特点，其融资服务的对象针对中小企业，所以在中小企中得到广泛的认同。网络融资模式将会对解决中小企业融资难的问题给予重要的帮助，对于河北省的融资现状而言，进行网络融资是必然的发展趋势，但是网络融资在我国毕竟是新发展起来的融资模式，存在的问题也是多样的，加上各项相关制度还不够完善、相关法律监管也还不到位，网络融资在帮助河北省中小企业解决融资难的同时，也存在着不可小视的问题。应用网络融资为河北省中小企业融资服务、帮助河北省中小企业解决融资难的问题，需要各方共同努力打造良好的网络融资环境，让网络融资在为河北省中小企业融资服务时发挥出最优状态。

（三）河北省网络融资的主要模式

当前网络融资的模式主要有两种：一种是通过第三方网络贷款平台的贷款，即 P2P 模式，如人人贷、拍拍贷等；另一种是在电商企业中发展起来的融资方式，凭借手中所拥有的大量用户信息和潜在客户逐渐向金融行业进军，典型的代表为阿里金融。

1. 通过网络借贷平台的贷款模式

河北省中小企业主要有四种典型 P2P 模式进行融资。

第一种是中国本土化的 P2P 网贷模式，其代表是人人贷，可为贷款人提供本金或本息保障的模式。在 P2P 模式被引入到我国之初，单纯只充当中介平台而不提供本息保障的网贷平台无法吸引到投资人。针对这种情况人人贷推出了"风险准备金"，其来源是投资人向平台缴纳的服务费和追回的借款人逾期的本息及罚息；此外，人人贷还设立了线下实体的门店，一方面通过实体门店搜寻优质的贷款者，另一方面通过实体门店进一步做好贷后的风险控制和管理。人人贷对通过信用审查的出借人给予借款保障金，而其中的机构担保标更是针对风险考虑，为融资企业提供机构担保，增加融资的机会。图 4-4 为这种 P2P 模式进行借贷的流程图。这种模式的优点在于提高了借贷的安全性，更加符合中国的国情，但是涉及的关联方过多，借贷平台有可能失去定价权。

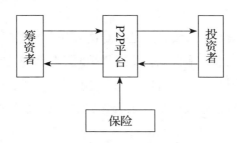

图 4-4 担保模式流程图

第二种是传统模式，典型代表是拍拍贷。拍拍贷是根据美国 Prosper 的运营模式创建的，即无担保的线上模式，借款人和贷款人全部在线上通过网络借贷平台进行交易，借款人通过拍拍贷平台发布借款需求，投资人也在该平台上选择合适的投资对象。对于借款者的信用考核问题，拍拍贷不会进行线下的实地考察，而是通过分析借款者的相关信用信息及数据，并且对借款者的线上交际圈进行调研，根据以上的审核工作，该平台工作人员会将数据分析结果量化为借款者的信用等级并对其违约的可能性进行估算。对于出借者的资金安全问题，拍拍贷不会专门设立保证金一类的风险防范措施，而是将全部风险转移到出借人身上，所以针对风险控制拍拍贷一方面制定严格的风险等级评价，另一方面建议出借人要制定合理的投资方案，将投资资金适度的分散化以降低风险。图 4-5 为这种 P2P 模式进行融资的流程图。这种模式的优点在于双方用户完全在线交易，不会涉及远距离的区域障碍，但如果没有用户基础则很难长久发展。

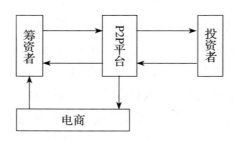

图 4-5　传统模式流程图

第三种是平台模式，典型代表是有利网。所谓平台模式就是网贷平台与线下的一些小型借贷企业进行合作的模式，这些企业利用自身优势将优质的借款者发掘出来并推荐给网贷平台。小型借贷企业在线下大范围内拥有许多经营机构，可以通过广泛开展线下实际调研来为网络借贷平台提供优秀的借款者。当前很多优质的借款者都是 40 岁以上的中小微企业业主，而他们很少有人接触网络，很少有人通过网络进行融资。平台模式正是针对这部分市场空缺，与小额贷款企业合作发掘线下的优质借款人，平台也会使用科学的信用评价方法对这些推荐上来的企业再次进行审核。图 4-6 为这种 P2P 模式进行借贷的流程图。由于风险从网贷平台转移到小额贷款企业且进行分工合作，成本小且见效快的优势显而易见，但是其核心业务却在逐步脱离金融范畴。

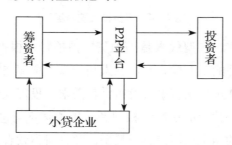

图 4-6　平台模式流程图

第四种是债权转让模式，典型代表是宜信。债权转让模式是存在争议的一种 P2P 模式，其债权转让是在线下进行的。以宜信为例，宜信先把钱借给贷款者，然后再将自己拥有的债权分成若干份，并根据市场情况将这些拆分的债权进行不同的整合，制作成一个类似理财产品的商品通过宜信再卖给最终的投资人。与传统的 P2P 自行选择借款者不同，资金供需双方的配对由宜信进行，客户并不能选择贷款的去向。图 4-7 为这种 P2P 模式进行借贷的流程图。这种模式的优势在于利于线下交易，提升交易量，但是其程序烦琐且需要线下投入，所以有高成本和地域限制的问题。

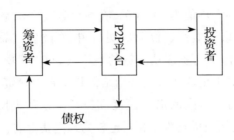

图 4-7　债权转让模式流程图

2. 以电商为基础的网络融资模式

以电商为基础的网贷模式是依托于其拥有的注册用户的历史信用信息来发放贷款，其服务范围局限于自身的客户。以阿里金融为例，这是由阿里巴巴集团推出的，以自身平台上的注册用户为对象，根据注册用户在阿里巴巴平台上的参与程度、交易成功比例、信用评价等级及注册用户自身的资产、财务等情况，凭借借款者的信用水平开展的融资活动。其化解风险的方法是网络联保的风控措施。

三、河北省中小企业网络融资存在的问题

虽然，中小企业的融资问题得到了政府部门的关注，在政策倾向、财政拨款、技术支持、人员培训等方面有意向中小企业倾斜。但是，目前支持中小企业发展的融资体系仍然不健全、不完善，融资难题仍未有实质性变化。同样，河北省的中小企业融资体系还存在着很多的问题，主要表现在融资方案不合理、风险扩大化和缺乏法律监管三个方面。

(一) 融资方案不合理

本书从人人贷网站上共收集到河北省中小企业交易记录 151 个,除此之外,还收集到北京、天津、上海、广东、浙江 5 个省市的交易记录,分别为 43 个、46 个、22 个、199 个、47 个。表 4-1 反映的是这 6 个省市在网络融资过程中涉及的各个指标的平均值,由此可以看出:河北省的借款额度的平均值为 6.49 万元,低于广东省和北京市,相对处于中等位置;河北省中小企业的借款年利率平均值为 12.4%,借款期限平均值为 22.17 个月,这两个指标在 5 个省市中都是最高的;信用等级分数的平均值为 141.06,在 5 个省市中也是最高的;认证度平均个数为 5 个,低于北京、上海、浙江,处于中等位置;总投标数的平均值为 42.96,低于广东和上海;历史成功次数的平均数为 0.96 次,在 5 个省市中是最高的。因此,河北省中小企业在人人贷网络借贷平台上融资呈现出以较高的利率和较高的信用投入获得相对高的借款额度和较长的借款期限的状态,与此同时,河北省中小企业的平均历史成功次数相对也较高,但获得的总的投标数处于中等位置。高的借款数额和较长的借款期限,并不意味着融资的状态就是良好的,还要看其投入的比例,同样的融资状况,如果可以以较少的投入而达到才是良好有效的。

表 4-1 不同省市指标平均值

	借款数额 (万元)	年利率 (%)	期限 (月)	信用分数	认证度	总投标数	成功数
河北	6.49	12.40	22.17	141.06	5.00	42.96	0.96
北京	6.92	11.99	16.21	122.09	5.12	33.30	0.77
天津	5.89	12.00	19.76	138.70	4.89	30.46	0.89
上海	5.65	11.82	11.32	91.14	5.27	53.27	0.00
广东	7.81	12.18	16.28	115.10	4.93	47.40	0.64
浙江	4.65	12.37	10.04	53.08	5.17	24.09	-1.02

注:数据来源:人人贷网站。

表 4-2 为统计的 6 个省市的中小企业通过人人贷网站进行融资的用途情况,从表 4-2 中可以看出河北省中小企业在人人贷平台上融资的主要用途是资金周转,占所有融资数额的 46.36%;北京的中小企业则将资金主要投向扩大经营和资金周转;天津的中小企业资金用途在统计期间没有出现网商的筹资,而其他项目中资金周转所占比例也是较大;上海和广东的中小企业融资用途在 5 项中分布

的相对匀称,其中比例最大的是扩大经营和资金周转;浙江省的中小企业融资用途主要是资金周转和网商的运营。由此可以看出,河北省中小企业在网络融资的资金用途上过于在资金周转上集中,其他的用途则分配的较少,尤其是以创业投资为目的融资相对份额太少。

表4-2　不同省市融资用途比例　　　　　　　　　　（%）

	河北	北京	天津	上海	广东	浙江
创业投资	4.64	9.30	28.26	13.64	14.07	6.52
进货	21.19	11.63	13.04	9.09	18.09	19.57
扩大经营	25.83	39.53	15.22	31.82	19.60	4.35
资金周转	46.36	34.88	43.48	27.27	39.70	47.83
网商运营	1.99	4.65	0.00	18.18	8.54	21.74

注：数据来源：人人贷网站。

由表4-3可以看出,河北省在人人贷平台上融资的各个中小企业中批发零售行业、制造业和餐饮旅馆业融资的比例排在前三位,占所有行业的比例分别是43.71%、20.53%和11.26%。由此可见,传统的零售、制造和餐饮行业通过网络融资的份额占绝大部分,而其他行业,如IT、教育培训、农业、网商等,则参与的程度相对较低。其他各个省市的行业融资情况也较为类似,排名靠前的行业一般为传统的批发零售、制造业和餐饮旅馆,只有北京的IT行业和浙江的网商例外,排名比较靠前。产生这一现象的主要原因与本地区的经济发展状况有关,如浙江省的网商经济发展迅速导致资金的需求量也快速增加。而河北省的中小企业网络融资的行业分布过于集中在少数几个传统行业,其他行业并没有充分利用网络平台进行融资。

表4-3　不同省市排名前三位行业的融资比例情况　　　　（%）

地域	项目	排名第1位	排名第2位	排名第3位
河北	行业	批发零售	制造业	餐饮旅馆
	比例	43.71	20.53	11.26
北京	行业	批发零售	IT	餐饮旅馆
	比例	30.23	18.60	9.30
天津	行业	餐饮旅馆	制造业	批发零售
	比例	54.35	17.39	10.87

(续)

地域	项目	排名第1位	排名第2位	排名第3位
上海	行业	批发零售	网商	制造业
	比例	36.36	18.18	13.64
广东	行业	批发零售	餐饮旅馆	制造业
	比例	31.16	20.10	20.10
浙江	行业	制造业	网商	批发零售
	比例	32.61	23.91	15.22

注：数据来源：人人贷网站。

（二）风险扩大化

1. 中小企业存在违约风险

中小企业通过网络融资不需要提供担保和抵押，当其出现经营困难甚至破产时，无法偿还借款的可能性很高。根据道德风险理论，由于信息的不对称，借款者处于信息的劣势而贷款者处于优势，筹集到资金的贷款企业有可能会改变当初告知借款者的资金用途，将资金投资于高风险项目，从而赚取较高的差额利润；而高利润意味着高风险，这部分风险必然转移至借款人。为降低投资者对风险的担忧，国内大多数网贷平台都采取了担保模式，但真实情况是，担保模式没有使风险消失，而只是把风险转移到了担保机构那里，如果担保机构出了问题，投资者的资产仍面临严重威胁。

2. 网络借贷平台存在的风险

有些网络借贷平台只是打着互联网融资的幌子进行非法行为，而非真正地进行融资服务。我国有关部门对这些以网络融资为名义进行不法活动的行为做出了定义。首先是理财—资金池模式，即一些网贷企业根据市场上的需要专门开发一种所谓的投资理财商品，再由企业相关部门将这些商品卖给最终投资人，或者先将投资人的钱集中到平台手中，然后再去发掘需要贷款的客户，这样资金就会有一段时间保留在平台企业手中的，很容易发生非法行为。其次是不严格的审核导致借款客户质量低而产生的不法行为，一些网络融资企业并没有履行其承诺的对借款者严格的信用审核，使得一些漏网之鱼借助平台公布了许多不真实的信息，而投资人出于对网贷平台的信任而向这些人投资。最后是典型的庞氏骗局，通过高利率吸引投资者，实际上不可能兑现其承诺的利率，并用"拆东墙补西墙"

的方式解决到期债务或者直接在筹集到一定规模资金便携款逃跑。

3. 系统风险

网络融资模式源于互联网的发展，因此无法规避在互联网安全性、交易软件系统等方面存在的风险。这种风险的发生会给融资活动的双方带来巨大的损失。因此，需要相关工作者对网络系统实施大规模保护措施，网络平台也需要加大经费投入来保证网络融资活动在安全的环境中开展。另外，对于网络融资的监管，我国一直处于没有明确监管机构的状态；随着网络融资风险的不断上升，政府部门开始加大监管力度，在明确的监管政策未落地之前，行业的发展空间和速度存在很大变数。

（三）缺乏法律监管

一方面，我国支持中小企业融资的配套法律法规出台速度与效率远远不及中小企业的发展速度，缺乏有效的法律法规提供的保障。我国为解决中小企业融资问题，出台的多是指导性文件，没有成型法律，中小企业促进法是我国目前仅有的一部关于中小企业的立法。但其中相关内容的规定还不成熟，并不能细致、整体的提供解决问题的法律依据。河北省贯彻中小企业促进法，出台了一系列法律文件，支持中小企业的发展、鼓励银行业金融机构、担保机构服务中小企业。但事实表明，现有的政策、扶持措施的实施效果并不理想，还有很多中小企业享受不到政策优惠。主要原因在于政府政策法规存在针对性不强、不够细化、不够具体、落实不到位等问题。

另一方面，河北省中小企业相关工作主要由河北省工业和信息化厅下设的中小企业处和融资担保处负责。省国税局、劳动和社会保障厅等省直部门以及金融机构配合中小企业处和融资担保处的工作，做好各项政策措施的贯彻落实。国家出台的各项扶持中小企业发展的政策、法规等多具宏观性、政策性，需要靠各级政府根据各自辖区的中小企业发展实际情况，结合自身优势和劣势，细化成具体办法进行执行，许多的优惠政策需要各部门下达给企业，需要企业提供资料才能享受优惠政策。但根据调查发现，大部分中小企业主对于政府部门的优惠政策不甚了解，很多符合政策标准的企业错失了获得政府扶持的权利。

网贷平台的倒闭潮预示着网络融资环境的不理想，势必会影响中小企业在网贷平台进行融资。面对不稳定的网络融资环境，加之缺乏法律监管，中小企业将面临逆向选择和道德风险问题。在网络融资过程中信息不对称问题依然存在，处于优势方的融资企业在无法律约束的状态下，有些企业可能会伪造信息包装自身以快速筹集资金,长久下去,平均的贷款利率就会被提高,而优质的融资企业会因得不到理想的贷款利率而被逐步驱逐出网络借贷市场。这不仅会影响到优质中小企业的融资效率,而且网络借贷市场的平稳秩序也会被打乱,最终借贷双方和网贷平台都不会有利可图。因此,不仅交易双方希望得到法律保护,网络借贷平台也需要被监管。

第三节 河北省中小企业网络融资效率评价

基于对河北省中小企业网络融资现状及问题的分析,选取通过人人贷平台进行网络融资的河北省中小企业作为样本企业,并运用DEA方法进行实证分析,找出问题产生的根源,以更好地指导提高河北省中小企业网络融资效率。

一、DEA 模型构建

(一) DEA 基本模型

1. 基于规模报酬不变的 C^2R 模型

C^2R 模型是 A. Charnes、W. W. Cooper 和 E. Rhodes 于 1978 年提出的第一个 DEA 模型,也是最经典、最基本的 DEA 模型。是假设规模报酬不变条件下的相对效率评价模型,也称为 CRS 的 DEA 模型。C^2R 模型是 DEA 方法的基本模型,用来研究判断多投入多产出的多个决策单元的投入产出相对于其他决策单元的有效性。C^2R 模型的基本思路是在规模报酬不变的条件下,将各投入与产出指标按一定的线性规划进行组合,用组合的比率来评价各决策单元,其中组合的比率即为决策单元的效率,是相对于整体的相对效率,可以用来评价各个决策单元是否技术有效和规模有效。C^2R 模型简单介绍如下:

假设有 n 个具有可比性的决策单元(DMU),每个 DMU 都有 m 种输入和 p 种输出。则第 j 个 DMU 的第 i 种类型的投入数量表示为 x_{ij},第 j 个 DMU 的第 r 种类型的产出数量表示为 y_{rj},第 i 种投入的一种度量表示为 v_i,第 r 种产出的一种度量表示为 u_r,其中 ($i=1, \cdots, m; r=1, \cdots, p; j=1, \cdots, n, m\geq 1, p\geq 1$)。则第 j 个 DMU 的所有投入向量和所有产出向量可以分别记为:$x_j = (x_{1j}, x_{2j}, \cdots,$

$x_{mj})^T$, $j = 1, \cdots, n$; $y_j = (y_{1j}, y_{2j}, \cdots, y_{pj})^T$, $j = 1, \cdots, n$。投入变量和产出变量的权重向量,则分别记为:$v = (v_1, v_2, \cdots, v_m)^T$,$u = (u_1, u_2, \cdots, u_p)^T$。第 j 个 DMU 的效率评价指数就可以定义为

$$h_j = \frac{\sum_{r=1}^{p} u_r y_{rj}}{\sum_{i=1}^{m} v_i x_{ij}}, j = 1, 2, \cdots, n$$

而第 j_0 个 DMU 的相对效率优化评价模型为

$$\max \quad h_{j_0} = \frac{\sum_{r=1}^{p} u_r y_{rj}}{\sum_{i=1}^{m} v_r x_{ij_0}}$$

$$s.t. \begin{cases} \dfrac{\sum_{r=1}^{p} u_r y_{rj}}{\sum_{i=1}^{m} v_r x_{ij_0}} \leq 1, j = 1, 2, \cdots, n \\ v_i u_r \geq 0, i = 1, 2, \cdots, m; r = 1, 2, \cdots, p \end{cases}$$

将上式的分式规划模型转化为线性规划模型的向量形式

$$\max \quad h_{j_0} = u^T Y_0$$

$$s.t. \begin{cases} u^T Y_j - \omega^T X_j \leq 0, j = 1, 2, \cdots, n \\ \omega^T X_0 = 1 \\ \omega \geq 0, \mu \geq 0 \end{cases}$$

其对偶问题的向量形式如式(4-1)所示,假设式(4-1)的最优解为 λ^*,s^{*-},s^{*+},θ^*,则当 $\theta^* = 1$ 时,DMU_j 为弱 DEA 有效;当 $\theta^* = 1$,且 $s^{*-} = 0$,$s^{*+} = 0$ 时,DMU_j 为 DEA 总体有效。

$$\begin{cases} \sum_{j=1}^{n} \lambda_j x_j + s^- = \theta x_0 \\ \sum_{j=1}^{n} \lambda_j x_j - s^+ = y_0 \\ s^- \geq 0, s^+ \geq 0, \lambda_j \geq 0 \end{cases} \quad (4-1)$$

早在 1952 年 Charnes 和 Cooper 研究使用单纯形方法求线性规划的最优解时,在"退化"情况下可能出现"循环"现象,所以他们引入了非阿基米德无穷小 ε,认为非阿基米德无穷小 $\varepsilon > 0$ 是一个比任何正数都小的正数,给出了判断决策单元是否为 DEA 有效的 DEA 模型。则其线性规划的对偶规划为

$$\min[\theta - \varepsilon(e^T s^+ + \hat{e}^T s^-)]$$

$$s.t. \begin{cases} \sum_{j=1}^{n} x_j \lambda_j + s^- = \theta x_0 \\ \sum_{j=1}^{n} y_j \lambda_j - s^+ = y_0 \\ \lambda_j \geq 0, j = 1, \cdots, n \\ s^+ \geq 0, s^- \geq 0 \end{cases} \quad (4-2)$$

设 θ^0，λ_j^0，$j = 1, \cdots, n$，s^{0+}，s^{0-} 为考虑阿基米德无穷小 ε 的 DEA 模型的最优解，则若 $\theta^0 < 1$，则该决策单元不为弱 DEA 有效；若 $\theta^0 = 1$，$e^T s^0 + \hat{e}^T s^{0-} = 0$，则决策单元为 DEA 有效；若 $\theta^0 = 1$，$e^T s^0 + \hat{e}^T s^{0-} > 0$，则决策单元仅为弱 DEA 有效。上述的条件不仅为判断的充分条件，也是必要条件。

其中，θ（$0 \leq \theta \leq 1$）为 DMU$_j$ 的相对综合效率，其大小反映第 j 个 DMU 资源配置的合理程度。θ 越大则表明 DMU 相对于其他 DMU 源配置的效率越高，资源配置状态越合理。C²R 模型下的综合效率可以分解为纯技术效率和规模效率两部分。"纯技术效率"是指在最优规模时，投入要素的生产效率，如果该决策单元有效，则表示该决策单元位于生产函数的曲线上，所以计算纯技术效率，可以看出各个决策单元对投入要素的有效利用程度。"规模效率"用来判断实际规模和最优的生产规模之间的差距，如果达到规模有效则表示投入量既不过大也不过小，是处于规模报酬递增和递减之间的状态，即规模报酬不变的最佳状态。

2. 基于规模报酬可变的 BC² 模型

C²R 模型是建立在规模报酬不变基础之上的，显然这个假设并不符合实际情况，经常受到投入产出配置比例之外的其他因素的影响。C²R 模型不能单纯地评价决策单元的技术有效性，而由 Banker、Charnes 和 Cooper 在 1984 年首先提出了专门用来评价决策单元的技术有效性的 BC² 模型。BC² 模型的提出扩大了 C²R 模型的应用范围，在 C²R 模型中加入约束条件：$\sum_{j=1}^{n} \lambda_j^* = 1$，则 BC² 模型为

$$\min \sigma$$
$$s.t. \begin{cases} \sum_{j=1}^{n} X_j \lambda_j + s^- = \sigma x_0 \\ \sum_{j=1}^{n} Y_j \lambda_j - s^+ = Y_0 \\ \sum_{j=1}^{n} \lambda_j = 1 \\ \lambda_j \geq 0, s^+, s^- \geq 0 \end{cases} \quad (4-3)$$

若 $\sigma=1$，则称 DMU_j 为纯技术效率有效；若 $\sigma<1$，则称 DMU_j 为纯技术效率无效。而造成规模效率无效的原因既有可能是规模过大也有可能是规模过小，当 $\sum_{j=1}^{n}\lambda_j^*>1$，说明该 DMU 规模收益递减，可以按照计算适当缩减规模；当 $\sum_{j=1}^{n}\lambda_j^*<1$，说明该 DMU 规模收益递增，可以按照计算适当扩大规模；当 $\sum_{j=1}^{n}\lambda_j^*=1$ 时，则说明该 DMU 规模收益不变。而具体规模效率的值可以通过综合效率和纯技术效率的比值来确定。

3. 决策单元在有效面上的投影

如果决策单元不为 DEA 有效或是弱 DEA 有效，则可以用投影的方法对决策单元的投入和产出进行调整，使其成为 DEA 有效或是弱 DEA 有效。考虑具有阿基米德无穷小 ε 的 EDA 模型，设 θ^0，λ_j^0，$j=1,\cdots,n$，s^{0+}，s^{0-} 为该 DEA 模型的最优解，则称 $(\hat{x}_0,\hat{y}_0)$ 为决策单元在 T_{C^2R} 的有效面上的"投影"。其中 $\hat{x}_0$，$\hat{y}_0$ 为

$$\begin{cases} \hat{x}_0 = \theta^0 x_0 - s^{0-} = \sum_{j=1}^{n} x_j \lambda_j^0 \\ \hat{y}_0 = y_0 + s^{0+} = \sum_{j=1}^{n} y_j \lambda_j^0 \end{cases}$$

设 θ^0，λ_j^0，$j=1,\cdots,n$，s^{0+}，s^{0-} 为该 DEA 模型的最优解，令 $\hat{x}_0=\theta^0 x_0$，$\hat{y}_0=y_0$，则称 $(\hat{x}_0,\hat{y}_0)$ 为决策单元在 T_{C^2R} 的弱有效面上的"投影"。类似于 C^2R 模型，可以定义 BC^2 模型决策单元的"投影"为 $\hat{x}_0=\theta^0 x_0 - s^{0-}$，$\hat{y}_0=y_0+s^{0+}$。

（二）DEA 评价的步骤

运用数据包络分析法对目标决策单元集合进行效率评价的步骤主要包括以下几个：

1. 决策单元集合的选取

决策单元（DMU）集合就是在文中要利用 DEA 进行分析的目标单位的集合，DMU 集合要求集合中的 DMU 是同类型单位，具有相同的目标及输入输出指标。在数量上 DMU 的数量应不少于输入输出指标的 2 倍。

2. 输入输出评价指标的选取

建立指标体系运用 DEA 方法对 DMU 进行效率评价，需要选取合理、有效的输入输出指标。

3. DEA 评价模型的选取

通过上一节的分析可以看出,DEA 评价模型具有多种形式,每种形式适用于不同评价目标的 DMU 集。因此要结合 DMU 的实际特点和评价目的选取适合的 DMU 模型。另外,根据导向的不同 DEA 模型还可分为以投入(Input)为导向的模型和以产出(Output)为导向的模型。面向投入意味着在产出一定的基础上缩减各投入指标的投入量来达到 DMU 的 DEA 有效或 DEA 弱有效;而面向产出则假设投入不变,提高各产出指标的量来达到效率最佳。在评价过程中,主要依据 DMU 对投入指标或产出指标的控制力度选择以投入为导向的 DEA 模型还是以产出为导向的 DEA 模型。如果 DMU 对投入指标的控制力度比对产出指标的控制力度要大,则宜选取以投入为导向的 DEA 模型。

4. 运用数据进行实际操作

在运用 DEA 方法时需要运用大量的数据来估算 DMU 集的生产前沿面,数据的选取的全面、准确关系着评价结果是否准确、客观。在依据所建立的指标体系收集所需的数据之后,就是把数据运用到 DEA 模型相关软件,从而得到结果。

5. 对结果进行分析与评价

通过运行 DEA 软件,可以得到每个 DMU 的技术效率、规模效率及规模报酬等相关信息,进而以此评价各单元活动的有效性,从而可以分析其原因、给予合理解释并针对性地提出对策建议。

二、评价指标的选取

(一) 指标选取原则

①输入输出指标的选取要以评价目的为标准。在确定评价指标的过程中,从输入输出两个角度确定影响评价目的的指标,保证选取的指标可以客观地反映评价目的。②评价指标的选取必须全面。由于一个评价目的需要通过多个指标才能综合、全面地描述,因此输入输出指标的选取必须保证评价体系的全面性,指标的增减对评价结果影响大的指标是必不可少的,必须包含于评价指标体系中,否则会导致评价结果不够客观全面。③注意选取的输入输出指标间的关联性。通常一个 DMU 各输入输出指标之间是互相联系、互相影响的,在选取评价指标时要考虑各指标之间的相关性程度,如果某一指标与已确定的指标体系中各指标强

烈相关，则说明该指标可以由已选取的指标来表示，可以不再用该指标作为评价指标；如果某一指标对 DMU 具有强烈影响，但与已选指标体系相关性较弱，则需要将此指标归入评价指标集，否则会出现评价不全面的问题。

（二）评价指标

根据网络融资平台人人贷的融资过程和网络融资的特点（中小企业为主体、无担保或新型担保、电商特色和平台开放等）选出能够反映网络融资流程和特点的投入和产出指标来构成评价融资效率的指标评价体系，具体如表 4-4 所示。

表 4-4 评价指标的选取

项目	输入指标	输出指标
指标	借款年利率 信用等级 历史成功次数 审核项目数	借款金额 总投标数 借款期限

如表 4-4 所示，输入指标包括借款年利率、信用等级、历史成功次数、审核项目数。借款年利率为借款者愿意为该笔贷款支付的年利率，即企业的融资成本，浮动范围为 10%~24%。一般情况下借款利率越高，融资成功的可能性越高，但高利率往往也意味着高风险。信用等级是网络借贷平台通过评级机构根据借款企业的综合情况对其进行的信用打分，人人贷目前的信用等级根据认证分数由高到低划分为 7 级，分别为 AA、A、B、C、D、E、HR，表 4-5 为人人贷网站公布的不同信用等级的分数区间。历史成功次数是借款者在人人贷上过往投标满标的次数，成功次数是对借款者还款信用和还款能力的另一种证明。审核项目数是筹资企业通过人人贷平台进行审核的项目个数，人人贷的审核项目包括信用报告、身份认证、工作认证、职称认证、收入认证、居住地证明、视频认证、手机认证等多项认证，不同借款者提供的认证数也不尽相同。

输出指标包括借款金额、总投标数、借款期限。借款金额是借款者希望获得的融资金额，由于借贷双方信息不对称的原因，往往数额较高的借款，存在的风险性也越大。总投标数是一项标的达到满标状态时，总共的投标人数，投标人数也影响着一项借贷的成功。借款期限是借款企业对所借款项的使用期限，借款期限越长，不确定因素往往也会增多，风险也会增大。

表 4-5　信用等级的分数区间

信用等级	HR	E	D	C	B	A	AA
分数区间	0-99	100-109	110-119	120-129	130-144	145-159	160+

注：资料来源：人人贷网站。

三、数据来源及其处理

本书选取的数据来自于人人贷网站。人人贷是中国最早的一批基于互联网的 P2P 信用借贷服务平台，由于人人贷上的交易记录是对外公开的，本书从人人贷网站上收集到河北省中小企业的交易记录，其中已经剔除了个人消费性的借款，只保留了生意贷和网商贷的借款记录，即中小企业的借款记录（其中包括淘宝或天猫平台的网商），一共得到有效的交易记录 151 条。

虽然 DEA 模型中决策单元的效率指数 h_{j_0} 与各项投入数据和产出数据的量纲选取无关，但是要求投入指标和输出指标为非负数。本书所收集到的数据中存在一定量的负数，所以通过式（4-4）对数据进行了标准化处理，这样所有数据都标准化到了 0.1~1 之间。

设有 n 个 DMU，则

$$c'_{ij} = 0.1 + 0.9 \times \frac{c_{ij} + b_{ij}}{a_{ij} - b_{ij}} \quad (4-4)$$

式中　a_{ij}——第 t 年第 j 个指标的最大值；

b_{ij}——第 t 年中第 j 个指标的最小值；

c_{ij}——需要改进的原始数据；

c'_{ij}——改进后的数据。

根据对相关指标数据的收集和计算整理，获得处理后的变量数据，即把所有原始数据标准化到 0.1~1 之间。

四、实证结果及分析

由式（4-4）得到标准化后的数据。将不符合要求的数据进行了处理，将经过处理的数据利用 DEAP2.1 软件进行运算，根据测评结果对河北省 151 家样本企业网络融资活动的综合效率、技术效率及规模效率进行分析，深入了解河北省网络融资的现状，找出问题产生的根源，寻求解决的方向。

（一）DEA 有效性分析

综合效率值是对各样本企业网络融资效率的总体评估，其值越接近 1 表示企业的相对网络融资效率越高。表 4-6 是 151 家样本企业 DEA 效率测算结果，包括了 151 个河北省中小企业的网络融资的综合技术效率、纯技术效率、规模效率和规模报酬情况。表 4-7 是对这 151 家样本企业的综合技术效率区间分布进行了统计，划分出了不同效率范围内的样本企业个数和所占总样本数的比例。

表 4-6 151 家样本企业 DEA 效率测算结果

序号	综合效率	技术效率	规模效率	规模收益	序号	综合效率	技术效率	规模效率	规模收益
1	1	1	1	—	77	1	1	1	—
2	0.759	0.942	0.805	irs	78	0.759	0.942	0.805	irs
3	0.759	0.942	0.805	irs	79	0.786	0.968	0.812	irs
4	0.759	0.942	0.805	irs	80	0.683	0.933	0.732	irs
5	0.759	0.942	0.805	irs	81	0.734	0.947	0.775	irs
6	0.759	0.942	0.805	irs	82	0.705	0.939	0.75	irs
7	0.739	0.947	0.78	irs	83	0.759	0.942	0.805	irs
8	1	1	1	—	84	1	1	1	—
9	0.689	0.936	0.736	irs	85	0.746	0.947	0.787	irs
10	0.683	0.933	0.732	irs	86	1	1	1	—
11	0.737	0.947	0.778	irs	87	1	1	1	—
12	0.694	0.937	0.74	irs	88	1	1	1	—
13	0.692	0.937	0.738	irs	89	0.731	0.947	0.772	irs
14	0.876	0.975	0.898	irs	90	0.724	0.943	0.768	irs
15	1	1	1	—	91	0.683	0.934	0.731	irs
16	0.759	0.942	0.805	irs	92	0.893	0.978	0.913	irs
17	0.759	0.942	0.805	irs	93	0.759	0.942	0.805	irs
18	1	1	1	—	94	0.683	0.85	0.804	irs
19	1	1	1	—	95	0.668	0.947	0.706	irs
20	0.683	0.933	0.732	irs	96	0.759	0.942	0.805	irs
21	0.759	0.942	0.805	irs	97	0.683	0.933	0.732	irs
22	0.37	0.952	0.388	irs	98	1	1	1	—
23	1	1	1	—	99	0.759	0.942	0.805	irs

(续)

序号	综合效率	技术效率	规模效率	规模收益	序号	综合效率	技术效率	规模效率	规模收益
24	0.683	0.933	0.732	irs	100	0.683	0.933	0.732	irs
25	0.703	0.94	0.748	irs	101	0.683	0.933	0.732	irs
26	0.717	0.944	0.76	irs	102	0.694	0.937	0.741	irs
27	0.759	0.942	0.805	irs	103	0.683	0.933	0.732	irs
28	1	1	1	—	104	1	1	1	—
29	1	1	1	—	105	1	1	1	—
30	0.683	0.933	0.732	irs	106	0.759	0.952	0.797	irs
31	0.789	0.957	0.824	irs	107	1	1	1	—
32	1	1	1	—	108	1	1	1	—
33	0.683	0.933	0.732	irs	109	1	1	1	—
34	0.759	0.942	0.805	irs	110	0.704	0.939	0.75	irs
35	0.759	0.942	0.805	irs	111	0.759	0.942	0.805	irs
36	0.711	0.94	0.756	irs	112	0.759	0.942	0.805	irs
37	0.67	0.913	0.734	irs	113	0.81	0.962	0.842	irs
38	1	1	1	—	114	0.683	0.933	0.732	irs
39	1	1	1	—	115	0.702	0.94	0.747	irs
40	0.733	0.924	0.794	irs	116	0.73	0.944	0.773	irs
41	1	1	1	—	117	0.728	0.944	0.772	irs
42	0.746	0.947	0.787	irs	118	0.84	0.978	0.859	irs
43	0.683	0.933	0.732	irs	119	1	1	1	—
44	1	1	1	—	120	0.759	0.942	0.805	irs
45	1	1	1	—	121	0.683	0.934	0.731	irs
46	0.273	1	0.273	irs	122	0.759	0.942	0.805	irs
47	0.67	0.914	0.733	irs	123	1	1	1	—
48	1	1	1	—	124	0.768	0.952	0.806	irs
49	0.695	0.951	0.731	irs	125	0.968	1	0.968	irs
50	0.868	0.973	0.892	irs	126	0.759	0.942	0.805	irs
51	0.759	0.942	0.805	irs	127	0.759	0.942	0.805	irs
52	1	1	1	—	128	1	1	1	—
53	1	1	1	—	129	1	1	1	—

(续)

序号	综合效率	技术效率	规模效率	规模收益	序号	综合效率	技术效率	规模效率	规模收益
54	0.67	0.913	0.734	irs	130	0.84	0.978	0.859	irs
55	0.683	0.933	0.732	irs	131	0.743	0.947	0.784	irs
56	0.747	0.833	0.897	irs	132	0.634	0.94	0.675	irs
57	0.741	0.948	0.781	irs	133	1	1	1	—
58	0.683	0.933	0.732	irs	134	0.708	0.94	0.752	irs
59	0.759	0.942	0.805	irs	135	0.683	0.933	0.732	irs
60	0.683	0.933	0.732	irs	136	0.709	0.955	0.742	irs
61	0.683	0.933	0.732	irs	137	0.634	0.789	0.804	irs
62	1	1	1	—	138	0.643	0.944	0.682	irs
63	0.74	0.947	0.782	irs	139	0.776	0.947	0.819	irs
64	0.759	0.942	0.805	irs	140	1	1	1	—
65	0.759	0.942	0.805	irs	141	1	1	1	—
66	0.683	0.933	0.732	irs	142	0.683	0.933	0.732	irs
67	0.683	0.934	0.731	irs	143	0.759	0.942	0.805	irs
68	0.67	0.913	0.734	irs	144	0.668	0.947	0.706	irs
69	0.683	0.934	0.732	irs	145	0.759	0.942	0.805	irs
70	0.759	0.942	0.805	irs	146	0.737	0.947	0.778	irs
71	0.897	0.979	0.917	irs	147	0.663	0.947	0.7	irs
72	0.73	0.946	0.772	irs	148	0.759	0.942	0.805	irs
73	0.709	0.955	0.742	irs	149	0.84	0.978	0.859	irs
74	0.683	0.933	0.732	irs	150	0.676	0.949	0.713	irs
75	0.759	0.942	0.805	irs	151	1	1	1	—
76	0.706	0.94	0.752	irs					

由表 4-6 和 4-7 可以看出，151 家河北省中小企业中，有 37 家的综合技术效率值为 1，且各个相关松弛变量为 0，占样本总数的 24.50%。说明这 37 家河北省中小企业通过网贷平台进行融资的效率在参考集合内达到了 DEA 有效，表明这些企业在进行网络融资时达到了投入和产出的相对最优化，融资效率处于有效的状态，即这些样本的投入没有出现冗余的情况且产出也没有出现不足的状态，也就是说这些样本既达到了纯技术效率有效又达到了规模效率有效。而剩下的 114 家样本企业综合技术效率没有达到 1，占样本总数的 75.50%，说明这些

中小企业在网络融资过程中是 DEA 无效的,在这 114 家综合技术效率无效的企业中,有 2 家是纯技术效率有效的,但是规模效率无效导致综合效率无效的,所以可知 112 家样本企业纯技术效率和规模效率均是无效的,占样本总数的 74.17%,说明中小企业的投入和产出还有没达到最优,需要进一步的改进。

表 4-7 151 家样本企业综合效率分布情况

效率区间	1	1~0.9	0.9~0.8	0.8~0.7	0.7~0.6	0.6 以下
个数	37	1	8	62	41	2
比例	24.50%	0.66%	5.30%	41.06%	27.15%	1.32%

由表 4-7 可以看出,在综合技术效率无效的 114 家河北省中小企业中,效率值分布在 1~0.9 和 0.9~0.8 之间的企业个数总共只有 9 家,占样本总数的 5.96%,大部分的样本企业的效率值分布在 0.8~0.7 和 0.7~0.6 之间,分别占样本总数的 41.06% 和 27.15%,合计为 68.21%。由此可知,河北省中小企业网络融资的效率从整体来看存在较大的问题,网络融资效率总体情况较低,75.50% 的样本企业没有达到 EDA 有效,即这些企业的网络融资管理方面存在问题或者实际规模与最优生产规模存在差距,网络融资并没有得到有效利用。但从样本企业的综合技术效率的区间分布情况来看,河北省中小企业网络融资的前景还是十分可观的,68.21% 的样本企业综合技术效率值位于 0.6~0.8 之间,即超过半数的样本企业效率值和有效值的偏离程度不高,在创造良好的外部条件的同时,如果能向着正确的方向改进,达到有效的可能性很大。

(二)规模报酬分析

所谓规模报酬分析,就是在考虑决策单元效率时增加了对规模的考虑,即当其他条件不变时,按一定比例增加投入所得到的产出的变化情况。根据变化情况的不同,可以将规模报酬分为三种情况,分别是规模报酬不变、规模报酬递增和规模报酬递减。所谓规模报酬不变,就是规模的大小对投入产出不具有影响,也就是规模增加带来的产出增加是同比例增长的,其增加水平是一样的;规模报酬递增是指规模增加带来的产出增长的比例更快,即产出增长水平是高于投入的增加水平,处于规模报酬递增状态时,就应该扩大规模来满足产出的增长;规模报酬递减是指规模增加带来的产出增长的比例低于规模增长比例,即产出增长水平是低于投入的增加水平,处于规模报酬递减状态时,就应该缩小并控制规模范围,来达到最优状态。

表 4-8　151 家样本企业规模报酬情况

项目	样本个数	占总样本比例
规模报酬不变	37	24.50%
规模报酬递增	114	75.50%
规模报酬递减	0	0

通过对表 4-6 整理可以得到表 4-8，由该表可以看出，在 151 家样本企业中有 37 家样本企业处于规模报酬不变的状态，占总样本企业的 24.5%，表示这些中小企业的投入产出的规模水平适中，就当前的产出水平来说投入的规模是最为合理的、规模效率是有效的。而其他的 114 家样本企业全部处于规模报酬递增的状态，占样本总数的 75.5%。在这 114 家样本企业中，序号为 46 和 125 的这两家样本企业的纯技术效率都为 1，即纯技术效率是有效的，而其规模报酬效率分别为 0.273 和 0.968，即处于无效的状态，导致这两家样本企业综合技术效率无效的原因完全是由于规模效率无效引起的，表明这两家企业投入要素组合已经是合理的，达到了最大程度的产出，需要进一步增加投入的规模以实现网络融资效率的最大化。其他 112 家样本企业综合技术效率无效的原因则是由纯技术效率和规模效率共同影响的，其中其规模报酬都处于规模报酬递增的状态，说明这些样本企业没有达到投入规模的最佳状态，此时企业扩大投入可以换来更大的产出，企业需调整网络融资资源投入产出比例，以更好地实现综合效率最大化。

表 4-9　151 家样本企业规模效率分布情况

效率区间	1	1~0.9	0.9~0.8	0.8~0.7	0.7~0.6	0.6 以下
个数	37	3	44	63	2	2
比例	24.50%	1.99%	29.14%	41.72%	1.32%	1.32%

由表 4-9 可以看出，规模效率有效的企业个数为 37 家，占总样本的 24.50%，表明不到 1/3 的样本企业投入产出的规模状态达到了最优，投入规模是合理有效的。而在其他规模效率无效的 114 家样本企业中，规模效率值在 0.9~1 之间的样本企业个数为 3 家，占样本总数的 1.99%；规模效率值在 0.9~0.8 和 0.8~0.7 之间的样本企业个数分别为 44 家和 63 家，占样本总数的 29.14% 和 41.72%，说明大部分的效率值分布在 0.7~0.9 之间；规模效率值在 0.7 以下的个数仅为 4 家，占样本总数的 2.64%。从整体上来看，河北省中小企业网络融资活动的规模效率处于较低水平，网络融资资源的投入产出配置严重不

合理，需加大对网络融资活动的资源投入，且需要加强对资源的利用和管理，提高网络融资活动的效率，使产出达到最佳状态。

（三）投影分析

判断各个决策单元效率的标准为是否位于生产前沿面上。如果决策单元的输入输出向量在整个评价集合的生产前沿面上，就可以说明该决策单元为 DEA 有效的，否则决策单元为无效或者弱有效。因此，需要根据目标值来调整决策单元的输入和输出值，使其向生产的前沿面靠近，最终达到有效的状态。表 4-10 就是根据软件测算出的综合技术效率没有达到有效的 114 家样本企业投入项目的目标值，其中 O 代表无效的样本企业的原始值，而 T 代表无效的样本企业的目标值，在评价网络融资效率时，共有 4 项投入，表 4-10 分别列示了这 4 项投入的原始值和目标值，以便更好地进行比较从而向有效状态调整。

表 4-10 114 家 DEA 无效样本企业投入的调整

序号	O1	O2	O3	O4	T1	T2	T3	T4
1	0.43	1.00	0.74	0.55	0.405	0.865	0.697	0.518
2	0.43	1.00	0.74	0.55	0.405	0.865	0.697	0.518
3	0.43	1.00	0.74	0.55	0.405	0.865	0.697	0.518
4	0.43	1.00	0.74	0.55	0.405	0.865	0.697	0.518
5	0.43	1.00	0.74	0.55	0.405	0.865	0.697	0.518
6	0.36	1.00	0.74	0.55	0.341	0.878	0.701	0.521
7	0.36	1.00	0.74	0.55	0.337	0.85	0.692	0.515
8	0.36	1.00	0.74	0.55	0.336	0.845	0.691	0.513
9	0.36	1.00	0.74	0.55	0.341	0.878	0.701	0.521
10	0.36	1.00	0.74	0.55	0.337	0.853	0.693	0.515
11	0.36	1.00	0.74	0.55	0.337	0.853	0.693	0.515
12	0.36	1.00	0.74	0.55	0.351	0.943	0.722	0.537
13	0.43	1.00	0.74	0.55	0.405	0.865	0.697	0.518
14	0.43	1.00	0.74	0.55	0.405	0.865	0.697	0.518
15	0.36	1.00	0.74	0.55	0.336	0.845	0.691	0.513
16	0.43	1.00	0.74	0.55	0.405	0.865	0.697	0.518
17	1.00	0.72	0.36	0.70	0.675	0.575	0.343	0.666
18	0.36	1.00	0.74	0.55	0.336	0.845	0.691	0.513

(续)

序号	O1	O2	O3	O4	T1	T2	T3	T4
19	0.36	1.00	0.74	0.55	0.339	0.862	0.696	0.517
20	0.36	1.00	0.74	0.55	0.34	0.87	0.699	0.519
21	0.43	1.00	0.74	0.55	0.405	0.865	0.697	0.518
22	0.36	1.00	0.74	0.55	0.336	0.845	0.691	0.513
23	0.36	1.00	0.74	0.55	0.344	0.899	0.708	0.526
24	0.36	1.00	0.74	0.55	0.336	0.845	0.691	0.513
25	0.43	1.00	0.74	0.55	0.405	0.865	0.697	0.518
26	0.43	1.00	0.74	0.55	0.405	0.865	0.697	0.518
27	0.36	1.00	0.74	0.55	0.339	0.861	0.696	0.517
28	0.49	1.00	0.74	0.55	0.447	0.798	0.676	0.502
29	0.49	1.00	0.74	0.55	0.453	0.824	0.684	0.508
30	0.36	1.00	0.74	0.55	0.341	0.878	0.701	0.521
31	0.36	1.00	0.74	0.55	0.336	0.845	0.691	0.513
32	0.26	0.72	0.49	1.00	0.26	0.72	0.49	1
33	0.49	1.00	0.74	0.55	0.448	0.799	0.676	0.502
34	0.26	1.00	0.74	0.55	0.247	0.886	0.704	0.523
35	0.36	1.00	0.74	0.55	0.35	0.937	0.72	0.535
36	0.43	1.00	0.74	0.55	0.405	0.865	0.697	0.518
37	0.49	1.00	0.74	0.55	0.447	0.798	0.676	0.502
38	0.36	1.00	0.74	0.55	0.336	0.845	0.691	0.513
39	0.68	0.72	0.74	0.55	0.566	0.6	0.616	0.458
40	0.36	1.00	0.74	0.55	0.341	0.88	0.702	0.522
41	0.36	1.00	0.74	0.55	0.336	0.845	0.691	0.513
42	0.43	1.00	0.74	0.55	0.405	0.865	0.697	0.518
43	0.36	1.00	0.74	0.55	0.336	0.845	0.691	0.513
44	0.36	1.00	0.74	0.55	0.336	0.845	0.691	0.513
45	0.36	1.00	0.74	0.55	0.341	0.876	0.7	0.521
46	0.43	1.00	0.74	0.55	0.405	0.865	0.697	0.518
47	0.43	1.00	0.74	0.55	0.405	0.865	0.697	0.518
48	0.36	1.00	0.74	0.55	0.336	0.845	0.691	0.513

(续)

序号	O1	O2	O3	O4	T1	T2	T3	T4
49	0.36	1.00	0.74	0.55	0.336	0.846	0.691	0.514
50	0.49	1.00	0.74	0.55	0.447	0.798	0.676	0.502
51	0.36	1.00	0.74	0.55	0.336	0.845	0.691	0.513
52	0.43	1.00	0.74	0.55	0.405	0.865	0.697	0.518
53	0.36	1.00	0.74	0.55	0.352	0.951	0.724	0.538
54	0.36	1.00	0.74	0.55	0.34	0.874	0.7	0.52
55	0.26	1.00	0.74	0.55	0.248	0.895	0.707	0.525
56	0.36	1.00	0.74	0.55	0.336	0.845	0.691	0.513
57	0.43	1.00	0.74	0.55	0.405	0.865	0.697	0.518
58	0.36	1.00	0.74	0.55	0.338	0.859	0.695	0.517
59	0.43	1.00	0.74	0.55	0.405	0.865	0.697	0.518
60	0.26	1.00	0.74	0.55	0.252	0.886	0.716	0.532
61	0.36	1.00	0.74	0.55	0.336	0.845	0.691	0.513
62	0.36	1.00	0.74	0.55	0.341	0.876	0.7	0.521
63	0.36	1.00	0.74	0.55	0.338	0.858	0.695	0.516
64	0.43	1.00	0.74	0.55	0.405	0.865	0.697	0.518
65	0.36	1.00	0.74	0.55	0.341	0.878	0.701	0.521
66	0.36	1.00	0.74	0.55	0.341	0.876	0.7	0.521
67	0.36	1.00	0.74	0.55	0.34	0.868	0.698	0.519
68	0.36	1.00	0.74	0.55	0.336	0.847	0.691	0.514
69	0.36	1.00	0.74	0.55	0.352	0.949	0.724	0.538
70	0.43	1.00	0.74	0.55	0.405	0.865	0.697	0.518
71	0.36	1.00	0.87	0.55	0.306	0.833	0.739	0.467
72	0.26	1.00	0.74	0.55	0.246	0.876	0.7	0.521
73	0.43	1.00	0.74	0.55	0.405	0.865	0.697	0.518
74	0.36	1.00	0.74	0.55	0.336	0.845	0.691	0.513
75	0.43	1.00	0.74	0.55	0.405	0.865	0.697	0.518
76	0.36	1.00	0.74	0.55	0.336	0.845	0.691	0.513
77	0.36	1.00	0.74	0.55	0.336	0.845	0.691	0.513
78	0.36	1.00	0.74	0.55	0.337	0.853	0.693	0.515

（续）

序号	O1	O2	O3	O4	T1	T2	T3	T4
79	0.36	1.00	0.74	0.55	0.336	0.845	0.691	0.513
80	0.36	1.00	0.74	0.55	0.343	0.888	0.704	0.524
81	0.36	1.00	0.74	0.55	0.338	0.859	0.695	0.517
82	0.43	1.00	0.74	0.55	0.405	0.865	0.697	0.518
83	0.43	1.00	0.74	0.55	0.405	0.865	0.697	0.518
84	0.36	1.00	0.74	0.55	0.346	0.912	0.712	0.529
85	0.36	1.00	0.74	0.55	0.336	0.845	0.691	0.513
86	0.36	1.00	0.74	0.55	0.338	0.859	0.695	0.517
87	0.36	1.00	0.74	0.55	0.34	0.87	0.699	0.519
88	0.36	1.00	0.74	0.55	0.34	0.869	0.698	0.519
89	0.26	1.00	0.74	0.55	0.254	0.892	0.724	0.538
90	0.43	1.00	0.74	0.55	0.405	0.865	0.697	0.518
91	0.36	1.00	0.74	0.55	0.336	0.846	0.691	0.514
92	0.43	1.00	0.74	0.55	0.405	0.865	0.697	0.518
93	0.36	1.00	0.74	0.55	0.343	0.889	0.705	0.524
94	0.68	0.10	0.74	0.25	0.68	0.1	0.74	0.1
95	0.43	1.00	0.74	0.55	0.405	0.865	0.697	0.518
96	0.43	1.00	0.74	0.55	0.405	0.865	0.697	0.518
97	0.26	1.00	0.74	0.55	0.254	0.892	0.724	0.538
98	0.36	1.00	0.74	0.55	0.341	0.876	0.701	0.521
99	0.26	1.00	0.74	0.55	0.244	0.86	0.695	0.517
100	0.36	1.00	0.74	0.55	0.339	0.862	0.696	0.517
101	0.36	1.00	0.74	0.55	0.336	0.845	0.691	0.513
102	0.26	1.00	0.74	0.55	0.248	0.895	0.707	0.525
103	0.26	1.00	1.00	0.55	0.205	0.655	0.789	0.434
104	0.26	1.00	0.74	0.55	0.245	0.869	0.698	0.519
105	0.42	1.00	0.74	0.55	0.398	0.877	0.701	0.521
106	0.36	1.00	0.74	0.55	0.336	0.845	0.691	0.513
107	0.43	1.00	0.74	0.55	0.405	0.865	0.697	0.518
108	0.26	1.00	0.74	0.55	0.246	0.876	0.7	0.521

(续)

序号	O1	O2	O3	O4	T1	T2	T3	T4
109	0.43	1.00	0.74	0.55	0.405	0.865	0.697	0.518
110	0.36	1.00	0.74	0.55	0.341	0.878	0.701	0.521
111	0.26	1.00	0.74	0.55	0.246	0.876	0.7	0.521
112	0.43	1.00	0.74	0.55	0.405	0.865	0.697	0.518
113	0.26	1.00	0.74	0.55	0.254	0.892	0.724	0.538
114	0.26	1.00	0.74	0.55	0.247	0.882	0.703	0.522

由表4-10可以看出，对于没有达到综合技术效率有效的114家样本企业来说，投入不足是影响企业网络融资效率的主要原因，即存在较为严重的投入不足问题。根据对样本企业的规模性分析可知，多数企业处于规模报酬递增状态，企业如果进一步增加投入可以获取更高的产出，本质上并不是这些企业的网络融资投入真正不足，而是企业没能有效地配置投入产出的比例，投入的项目没有得到充分的利用。所以在今后的规划和发展中，河北省中小企业在进行网络融资活动时不仅应该注重提升投入资源数量和质量，还应该注意网络融资投入和产出的转化问题，即要通过提升投入与产出的转化比例，改善河北省中小企业网络融资的资源配置，提高网络融资活动成果的产出数量及市场成交额，积极有效地提升河北省中小企业网络融资的效率，解决河北省中小企业融资难的问题。

第五章
P2P 网贷平台竞争力研究

近年来,准入门槛低、监管政策少、年化收益率高等特点,使 P2P 网贷平台呈现出爆棚式的增长态势。据"网贷之家"统计,截至 2016 年 3 月 31 日,我国 P2P 网贷平台数量达 3984 家,投资人数达 286.09 万人,借款人数达 76.98 万人,行业总成交量已达 1364.03 亿元。可见,P2P 网贷平台在为资金融通提供新渠道的同时,也为普通大众提供了一种新的投资方式,存在较大发展空间。但自 2014 年起,P2P 网贷平台出现"跑路潮"和"倒闭潮"现象,截至 2016 年 3 月 31 日,累计停业及问题平台总数达 1523 家,占比超过 38%。问题平台数量的激增,引起投资者的恐慌,致使该行业面临严重的经营与信用危机。不可否认,与传统银行的放贷相比,P2P 借贷模式在信用评估与资金安全等方面确实存在一定的运营问题。

第一节 P2P 网贷平台竞争力诊断模型构建

本节基于四分图模型的思想,选取竞争力指标,并对指标进行量化,为构建 P2P 网贷平台"重要性—竞争力"诊断模型打下基础。

一、改进四分图概念模型

四分图模型,也称为重要因素推导模型,是一种企业绩效的诊断评价模型。它的基本思想是:通过数据搜集确定某企业产品的绩效指标,将影响产品的各个指标放置于四个象限内;产品使用者对该产品的重要性和满意度进行评分；最终，企业可按评分结果对这些影响因素逐个处理，并结合企业发展战略完善产品，从而提升用户的整体满意程度。

基于四分图概念模型的思想，构建 P2P 网贷平台"重要性—竞争力"诊断模型，如图 5-1 所示。

图 5-1　P2P 网贷平台"重要性—竞争力"诊断模型

该模型的横轴表示 P2P 网贷平台竞争力各指标的重要程度，纵轴表示各指标的竞争能力大小，按照一定的标准将各指标的得分进行划分，组合成四个象限。

（一）优势区——高重要性、高竞争力

指标分布在此区域，说明这些因素是关键性指标，企业在此领域发展较好，应将优势继续保持并进一步发展，成为核心竞争力指标。

（二）修补区——高重要性、低竞争力

指标分布在此区域，说明这些因素是关键性指标，但企业在这些方面的表现欠佳，带来较低的用户满足度，竞争力不足，应该寻求改进措施，重点加强完善。

（三）维持区——低重要性、高竞争力

指标分布在此区域，说明这些因素虽然对用户而言并非相当重要，但竞争能力却表现较佳，可将其归属为企业的次要优势，继续保持。若从企业资源有效配置角度考虑，可从此部分入手，针对特定群体，发挥次要优势，核定所需的资源，富余资源分配给修补区的指标。

（四）机会区——低重要性、低竞争力

指标分布在此区域，说明这些因素对用户而言并非相当重要，竞争力评价较低对企业不会产生本质影响，因此不是亟待解决的主要问题，可将部分精力和部分资源分布在此。

改进后的 P2P 网贷平台"重要性—竞争力"诊断模型简洁明了，可以为管理者在平台建设时提供辅助决策，管理者可以了解平台哪些方面需要改善和增强，哪些方面需要形成核心竞争力，哪些方面需要维持现有水平。

改进后的模型指标均经过量化处理。横轴利用灰色关联分析法，判断各指标重要程度，纵轴为平台各指标运营的竞争表现，以经标准化处理后的得分衡量。该方法弥补了传统的四分图模型主要基于定性研究、以主观评分作为重要程度和满意程度判定依据的不足。改进后的模型诊断结果在客观性和准确性上都有提高，这有利于企业精准发现和解决问题。

二、竞争力指标选取

对于 P2P 网贷平台竞争力的内涵，目前尚缺乏权威的定义。世界经济论坛在《关于竞争力的报告》中提出，企业竞争力是指企业在目前和未来，在各自的环境中，以比它们的竞争者更有优势的价格和质量来进行设计、生产并销售货物以及提供服务的能力[110]。根据此定义并借鉴平衡计分卡的原理，从财务、客户、内部运营、学习与成长四个角度衡量，我们认为 P2P 网贷平台的竞争力主要包括财务表现、产品和服务、平台运营、未来发展四个方面。

在数据可得的前提下，选取了营收（X_1）、成交量（X_2）、分散度（X_3）、技术（X_4）、流动性（X_5）、杠杆（X_6）、透明度（X_7）、品牌（X_8）共 8 个竞争力诊断的指标，各指标的释义如表 5-1 所示。

表 5-1　P2P 网贷平台竞争力诊断指标构成

一级指标	二级指标	三级指标	释义
P2P 网贷平台竞争力	财务表现	营收积分（X_1）	表征平台的营业收入，以借款管理费为主，并依照 VIP 年费、充值提现费及成本费进行调整，高营业收入代表较低的营运风险
	产品和服务	成交量积分（X_2）	由当月实际成交量和时间加权成交量得出，并根据净值标和秒标量进行调整，积分越高，代表成交量越多
		分散度积分（X_3）	由单人借贷金额、借款集中度、最大投资人待收占比等二级指标加权得出，反映平台借款和投资资金的分散情况，积分越高，平台的投资人和借款人越分散，运营风险越低

(续)

一级指标	二级指标	三级指标	释义
P2P网贷平台竞争力	平台运营	技术积分(X_4)	由自主研发情况、网站人均响应时间、数据传输安全等得出，分数高低与平台技术实力成正比
		流动性积分(X_5)	由久期得出，并根据有无债权转让、提现速度等进行调整，反映投资人在平台投资资金回收时间的长短，分数越高，则回收本金的时间越短，能更灵活的退出
		杠杆积分(X_6)	由待收杠杆、地域杠杆、超越10倍杠杆情况及TOP10%逾期资本比共四个二级指标组成，分数高，则平台资金杠杆较小，风险承受能力更强
	未来发展	透明度积分(X_7)	由公司基本信息、运营数据信息、借款资料的公布程度等得出，积分越高，表明平台信息公开越完善，平台越透明
		品牌积分(X_8)	由资金认可度、上线时间、总部城市、Alexa排名、股东背景、媒体报道、事件影响等信息评分得出，分数越高，表明平台的知名度越高、越能得到出借人的认可

三、指标量化方法

（一）竞争力指标量化方法

对 P2P 网贷平台竞争力三级指标的积分值取平均，并进行标准化处理。

$$\overline{X_i} = \frac{1}{n}\sum_{j=1}^{n} X_{ij}, \ i=1, 2, \cdots, 8, \ j=1, 2, \cdots, n \quad (5-1)$$

$$S_i = \frac{s_i}{\overline{X_i}}, \ i=1, 2, \cdots, 8 \quad (5-2)$$

式中，s_i 为第 i 个平台的三级指标得分；S_i 为三级指标的标准化得分；n 为平台总数。当标准化得分等于 1 时，说明该指标积分值与行业优质平台的平均水平相同，是竞争力数值的划分界限；当标准化得分小于 1 时，说明该平台在这些指标上需要改善与加强；当标准化得分大于 1 时，说明该平台在这些指标上发展较为完善，需继续保持。

（二）重要性指标量化方法

基于灰色关联分析法，选取人气积分（X_0）作为参考数列，以 8 个积分指标与人气积分的关联程度作为重要性的衡量方法。计算过程如下：

1. 确定参数序列和比较序列

参数序列

$$X_0 = \{X_0(1), X_0(2), \cdots, X_0(m)\}, i = 1, 2, \cdots, m \quad (5-3)$$

比较序列

$$X_i = \{X_i(1), X_i(2), \cdots, X_i(m)\}, i = 1, 2, \cdots, m \quad (5-4)$$

2. 求差序列

$$\Delta_i(k) = |X_0(k) - X_i(k)|, \Delta_i = (\Delta_i(1), \Delta_i(2), L, \Delta_i(n)), i = 1, 2, \cdots, m \quad (5-5)$$

3. 求两级最大差和两级最小差

$$M = \max_i \max_k \Delta_i(k), \quad m = \min_i \min_k \Delta_i(k) \quad (5-6)$$

4. 求关联系数

$$\gamma_{0i}(k) = \frac{m + \xi M}{\Delta_i(k) + \xi M}, \xi \in (0, 1), i = 1, 2, \cdots, m, k = 1, 2, \cdots, m \quad (5-7)$$

式中，ξ 为分辨系数，一般来讲，分辨系数越大，分辨率越大。当 $\xi \leq 0.5463$ 时，分辨率最好，通常取 $\xi = 0.5$。

5. 计算关联度

$$\gamma_{0i} = \frac{1}{n} \sum_{k=1}^{n} \gamma_{0i}(k), i = 1, 2, \cdots, m \quad (5-8)$$

第二节　P2P 网贷平台竞争力实证分析

本书以红岭创投互联网金融服务平台为例进行实证分析。红岭创投电子商务有限公司于 2009 年 3 月正式上线运营，在互联网金融领域经营长达 6 年，首创本金先行垫付模式，将保护投资者利益置于首位。

一、竞争力评价

以"网贷之家"第三方咨询平台提供的 2016 年 3 月份评级前 100 家 P2P 网贷平台的各个积分指标的平均值作为竞争力的比较数值,按照式(5-1)和式(5-2)计算,红岭创投各指标竞争力得分标准化结果如表 5-2 所示。

表 5-2　红岭创投竞争力各指标得分

	积分指标	X_1	X_5	X_8	X_3	X_4
标准化值 大于 1	红岭创投	73.85	100.00	52.99	70.30	73.38
	100 家平台平均值	46.77	70.60	39.41	55.57	63.58
	标准化值	1.58	1.42	1.34	1.27	1.15
	积分指标	X_7	X_2	X_6		
标准化值 小于 1	红岭创投	34.04	34.20	5.00		
	100 家平台平均值	38.23	52.84	41.65		
	标准化值	0.89	0.65	0.12		

从表 5-2 可以看出,营收(X_1)、流动性(X_5)、品牌(X_8)、分散度(X_3)、技术(X_4)5 项积分指标的标准化结果均大于 1,表明竞争力较佳,其余指标竞争力表现一般。

二、重要性评价

选取上述 100 家 P2P 平台的人气积分(X_0)作为参考数列,其余 8 个影响平台竞争力的积分指标作为比较数列。根据式(5-5)~式(5-8),得到人气积分与各积分指标的灰色关联度,即各竞争力指标的重要性数值,结果如表 5-3 所示。

表 5-3　竞争力各指标重要性得分

关联度(R) 大于 0.9	营收积分(X_1) 0.961	成交量积分(X_2) 0.957	品牌积分(X_8) 0.945	分散度积分(X_3) 0.912
关联度(R) 小于 0.9	技术积分(X_4) 0.898	透明度积分(X_7) 0.821	流动性积分(X_5) 0.773	杠杆积分(X_6) 0.640

对关联度进行排序,我们可以得出 $R1 > R2 > R8 > R3 > R4 > R7 > R5 > R6$,由此可以看出,营收积分($X_1$)与人气积分的关联程度最大,说明平台的营收状况是判定竞争力的关键指标;杠杆积分(X_6)与人气积分的关联程度最小,说明平台资金杠杆的大小对竞争力的贡献有限。选取 $R = 0.9$ 作为重要程度的划分数值,营收(X_1)、成交量(X_2)、品牌(X_8)和分散度(X_3)积分与人气积分的关联度均在 0.9 以上,呈现出较高的关联度,说明这四个指标与平台竞争力之间存在着十分紧密的依存关系。

三、"重要性—竞争力"诊断模型综合评价

运用"重要性—竞争力"诊断模型,红岭创投的竞争力得分和重要性得分在模型中的分布如图 5-2 所示。

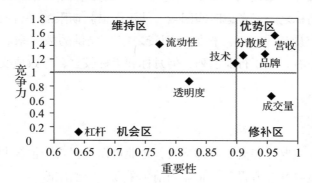

图 5-2 红岭创投"重要性—竞争力"诊断模型

从图 5-2 可以直观地看到,落在优势区的指标有营收、品牌和分散度,落在修补区的指标是成交量,落在机会区的指标有杠杆和透明度,落在维持区的指标有流动性和技术。

(一)优势区

该区域指标的重要性和竞争力均较高,是影响企业竞争力的关键因素,应该高度重视,将其作为核心竞争力,在巩固中谋求进一步发展,从而带领企业健康快速发展。

红岭创投平台的最大优势在于其运营体系完整,具有完备的管理收费标准。主要体现在平台会从投资方的利息中抽取 10% 作为管理费用,线上注册用户需缴纳 180 元的 VIP 年费,倘若不缴纳此费用,一旦出现违约,红岭创投只赔付本

金的一半,平台会将这些费用放入风险保障金账户,起到降低平台风险的作用。这种有利于出借人的运营模式,辅以多年的运营经验,是该平台竞争力的主要贡献因素,是营收积分(X_1)和分散度积分(X_3)高重要性与高竞争能力表现的主要原因。

红岭创投属于最早成立的 P2P 网贷平台之一,经过 6 年的发展,时间为该平台带来了强大的公信力与品牌影响力。作为国内首家推出以先行垫付模式运营的 P2P 网贷平台,此创新模式使其成为一个具有鲜明特色的品牌平台,这正是品牌积分(X_8)高竞争力和高重要性的原因。

(二)修补区

该区域指标具有高重要性和低竞争力,作为关键因素,企业应重点对这些方面进行改善和强化,最终目标是进入优势区。成交量积分(X_2)是反映平台吸收资金能力的指标之一,考虑时间因素,使不同借款期限的平台成交量可比,由借款期限和成交量相乘得到。根据"网贷之家"提供的数据来看,该平台日成交量在 3 亿元左右,居于行业前列,但月标和天标较多,导致成交量竞争力得分较低。

(三)机会区

该区域指标重要性和竞争力都不高,企业可以根据自身情况制定计划,若未来这些指标的重要性有所提升,企业当前可采取一定措施改善。

红岭创投独创净值借款模式,以在平台的待收款作为抵押进行借款,在所借款项不提现的情况下,杠杆可达数倍,存在风险性问题,因此杠杆积分(X_6)的竞争力较弱。

当一个平台品牌影响力较强时,人们对透明度的关注减少,从红岭创投平台看来,它虽然与平安银行有资金存管服务合作,但对大项目的信息披露并不全面,一定程度上也是基于保护客户隐私,虽然在坏账披露方面红岭创投十分及时且透明,但从出借人角度考虑,借款人信息、资金用途及还款来源等信息披露程度还较弱,因此透明度积分(X_7)的竞争力表现较弱。

(四)维持区

该区域指标具有低重要性和高竞争力,企业从资源配置角度出发,应维持当前现状。

红岭创投的净值手续费、快借管理转入费、风险备用金利息等收入较高,该平台还拥有足额的抵押物在手,虽然无法及时兑换成现金,但流动性相对较强,而且该平台的资产高于负债。此外,高品牌价值产生了高用户粘性,用户大规模兑付的概率较小。这些都是流动性积分(X_5)高竞争力表现的原因。

一个网站的使用体验是影响出借人出借意愿的影响因素之一,因此技术能力的重要性不可忽略。庞大的成交量也需要强大的技术支撑,红岭创投网站的人均响应时间较快,数据传输安全,虽然在 2015 年 2 月 28 日网站曾陷入完全瘫痪状态,但并未出现重大资金损失。此外,红岭创投逐步完善团队架构,增加技术团队硬实力。这也是技术积分(X_4)重要性程度处于行业平均水平,竞争力较高的原因。

本书对四分图模型进行改进,构建了针对个体 P2P 网贷平台的"重要性—竞争力"诊断模型。借鉴平衡计分卡的思想,认为 P2P 网贷平台的竞争力主要包括财务表现、产品和服务、平台运营、未来发展四个方面,并选取了营收、成交量、分散度、技术、流动性、杠杆、透明度、品牌共 8 个积分作为竞争力的具体衡量指标。以"红岭创投"网贷平台为例,运用灰色关联分析和与 100 家优质网贷平台的指标均值对比等方法对 8 个指标的重要性和竞争力进行量化,并结合在"重要性—竞争力"诊断模型中的分布,分析其竞争力优劣势,从而提出针对性发展建议。

第三节 P2P 网贷平台竞争力关键要素解析

一、短期产品规模

成交量积分(X_2)是高重要性低竞争力的指标,分布在修补区。红岭创投短期产品规模较大,短期产品可以为用户带来更高的满意度,提高用户黏性,打造品牌知名度。但该平台成交量积分得分值偏低,主要原因在于短期产品本身很难为平台带来高效的资金利用率和稳定的现金流。该平台需要做出清晰的产品定位,长短搭配,做到风险缓释,在自身风控能力内发放短标,以提升企业的竞争力。

二、高杠杆风险

杠杆积分（X_6）是低重要性低竞争力的指标，落在了机会区。杠杆的重要性较低可认为是暂时现象，当前用户是广大的中小投资者，对杠杆和风险的认识尚存不足，未来该指标重要程度可能明显提升。而红岭创投平台的杠杆在10倍以上，杠杆越大，不稳定性越强。红岭创投应将其杠杆比例控制在合理的范围内，并配以稳健的风控专业团队，结合业务模式，提升风险控制能力。

三、资金分散程度

分散度积分（X_3）虽然以高重要性和高竞争力表现分布在优势区，但仍需对此多关注并改善。红岭创投平台大额标的较多，发生一笔坏账便会损失大额的利润，接连的大额标的坏账，会对平台产生拖累效应，资金链易断裂。红岭创投可对借款企业进行行业分散，以规避行业周期下滑及政策限制的影响，控制单人借款金额，将大额长期限的借款数量控制在合理范围内。

四、信息公开透明度

透明度积分（X_7）以低重要性和低竞争能力表现分布在机会区。目前红岭创投开放的论坛使交易信息透明化，需继续维持。此外，红岭创投可以借鉴美国"Lending Club"的模式，使出借人可对申请人的申请材料进行浏览评判，在此基础上做出出借决策，增强透明程度[111]。

第六章
P2P 网贷平台风险预警研究

第一节 民营系 P2P 网贷平台风险现状及成因分析

随着 P2P 网贷平台的迅速增长,发生重大坏账、提现困难、高管失联和司法破产等问题的平台数量越来越多,其中大多数的问题平台是民营系平台,本部分从民营系 P2P 网贷平台风险现状中探求上述问题的成因,为后文的实证部分打下基础。

一、民营系 P2P 网贷平台发展现状

民营系 P2P 网贷平台的成长现状可以从运营平台数量、成交量、当月投资人数和当月借款人数等相关数据的分析中体现。P2P 网贷平台根据平台投资人的不同可以分为民营系、上市公司系、国资系、风投系和银行系。民营系 P2P 网贷平台是民营企业或者民营资本发起设立的 P2P 企业,其特点是投资门槛低且资金流动性好;上市公司系 P2P 网贷平台是国内上市企业投资入股设立的 P2P 企业,其特点是资金投入量大且开展的 P2P 平台交易更加正规;国资系 P2P 网贷平台是国有企业或国有企业子公司投资入股设立的 P2P 企业,其特点是平台标的较大且安全可靠;风投系 P2P 网贷平台是获得风投融资而设立的 P2P 企业,其特点是平台规模较大、成熟合规,发展模式不可替代;银行系 P2P 网贷平台是银行团体或银行本身或银行子公司投资入股设立的 P2P 企业,其特点是信用级别较高、安全可靠。

二、民营系 P2P 网贷平台风险现状

从 2014 年 1 月到 2018 年 10 月，每月都会有停业、转型及发生问题的民营系 P2P 网贷平台，最多的是 2018 年 7 月，竟然高达 235 家之多；相比而言，其他系平台停业、转型及问题的数量就显得很少。由此可见，民营系平台在其自身发展上存在着严重的问题。当月停业、转型及问题平台数量现状，如表 6-1 所示。

表 6-1　当月停业、转型及问题平台数量现状　　　　（单位：家）

运营时间	民营系	上市公司系	国资系	风投系	银行系
2014 年 1 月	13	0	0	0	0
2014 年 2 月	6	0	0	0	0
2014 年 3 月	8	0	0	0	0
2014 年 4 月	11	0	0	0	0
2014 年 5 月	10	0	0	0	0
2014 年 6 月	14	0	0	0	0
2014 年 7 月	9	0	0	0	0
2014 年 8 月	16	0	0	0	0
2014 年 9 月	24	0	0	0	0
2014 年 10 月	41	0	0	0	0
2014 年 11 月	46	0	0	0	0
2014 年 12 月	103	0	0	0	0
2015 年 1 月	91	0	0	0	0
2015 年 2 月	70	0	0	0	0
2015 年 3 月	67	0	0	0	0
2015 年 4 月	58	0	0	0	0
2015 年 5 月	82	0	0	0	0
2015 年 6 月	144	0	0	0	0
2015 年 7 月	133	0	0	0	0
2015 年 8 月	112	0	0	0	0
2015 年 9 月	89	0	0	0	0

（续）

运营时间	民营系	上市公司系	国资系	风投系	银行系
2015年10月	100	0	1	0	0
2015年11月	141	0	0	0	0
2015年12月	198	0	1	0	0
2016年1月	168	0	1	0	0
2016年2月	107	0	1	2	0
2016年3月	123	0	2	0	0
2016年4月	136	1	0	0	0
2016年5月	188	1	2	0	0
2016年6月	166	0	2	0	0
2016年7月	175	1	0	0	0
2016年8月	226	0	0	0	0
2016年9月	112	0	1	0	0
2016年10月	103	1	0	0	0
2016年11月	93	0	1	0	0
2016年12月	90	0	3	0	0
2017年1月	60	0	2	1	0
2017年2月	50	0	3	1	0
2017年3月	57	0	5	0	0
2017年4月	67	1	2	0	0
2017年5月	64	2	5	0	0
2017年6月	47	1	2	0	0
2017年7月	32	0	1	0	0
2017年8月	35	0	0	0	0
2017年9月	56	2	12	0	0
2017年10月	52	0	1	0	0
2017年11月	41	0	0	0	0
2017年12月	37	0	1	0	0
2018年1月	63	2	1	1	0
2018年2月	54	0	0	0	0
2018年3月	41	0	0	0	0

(续)

运营时间	民营系	上市公司系	国资系	风投系	银行系
2018 年 4 月	42	0	1	0	0
2018 年 5 月	38	0	0	0	0
2018 年 6 月	69	5	17	4	0
2018 年 7 月	235	3	38	11	0
2018 年 8 月	138	3	15	1	0
2018 年 9 月	57	3	5	2	0
2018 年 10 月	35	5	5	1	0

注：数据来源：网贷之家。

（一）流动性风险

流动性风险主要衡量民营系 P2P 网贷平台以适当价格迅速转让给对方的能力。民营系 P2P 网贷平台一旦遇到贷款金额在某一日期集中到期或出借资金者大规模要求支取现金等因素引发的自由资金链断裂情况，就会引发流动性风险。且资金流动性与资金流量、平台人气和用户推荐度有关。由于民营系 P2P 网贷平台规模较小、资金保障安全度不高，所以流动性风险较大。一般情况下，当投资者将资金投入到某个 P2P 网贷平台时，会加入到供投资者和平台之间进行联系的 QQ 群或 QQ 讨论组中。于是，当某个不利于该平台的情况发生时，如该平台的某标的未按照约定期限还本复利，投资者便会将消息发布到 QQ 群或 QQ 讨论组中，可能会发生平台挤兑现象，发生流动性风险。

平均借款期限是当月所有标的计算的平均标的借款时间长短。数值越小，平均借款期限越短，流动性风险越大；数值越大，平均借款期限越长，流动性风险越小。平均借款期限水平现状如表 6-2 所示。

表 6-2　平均借款期限　　　　（单位：月）

运营时间	民营系	上市公司系	国资系	风投系	银行系
2014 年 1 月	2.27	4.22	4.51	21.19	31.21
2014 年 2 月	2.43	4.31	5.07	17.48	30.56
2014 年 3 月	2.48	4.17	5.45	18.09	30.23
2014 年 4 月	2.78	4.38	6.27	15.37	30.21
2014 年 5 月	3.06	4.51	6.76	13.33	29.31

（续）

运营时间	民营系	上市公司系	国资系	风投系	银行系
2014年6月	2.63	4.37	6.74	14.45	28.64
2014年7月	2.98	4.48	6.31	18.69	27.32
2014年8月	4.48	4.68	6.78	18.16	26.78
2014年9月	3.31	4.59	6.27	17.55	25.69
2014年10月	3.51	6.52	6.67	16.26	26.31
2014年11月	4.79	7.89	5.29	10.75	24.56
2014年12月	4.7	8.42	6.04	8.8	24.56
2015年1月	4.31	9.02	5.02	10.75	21.59
2015年2月	5.21	9.78	5.06	9.36	19.13
2015年3月	5.35	10.59	6.52	6.2	20.65
2015年4月	5.47	11.18	7.22	7.03	19.73
2015年5月	5.35	12.14	8.58	7.32	19.67
2015年6月	5.31	10.87	7.03	9.05	21.98
2015年7月	5.18	7.14	7.91	7.9	26.43
2015年8月	5.13	5.16	7.64	9.25	19.77
2015年9月	5.55	2.95	9.24	8.67	9.27
2015年10月	6.4	3.98	5.38	7.87	7.86
2015年11月	6.64	3.97	5.22	8.31	7.9
2015年12月	6.85	4.31	5.27	8.59	7.64
2016年1月	6.6	6.1	4.67	9.27	9.43
2016年2月	7.13	7.56	4.69	10.91	13.43
2016年3月	7.11	9.19	4.73	11.32	14.7
2016年4月	6.93	9.45	5.23	11.87	15.03
2016年5月	7.19	10.7	5.05	12.85	15.4
2016年6月	7.1	9.98	4.62	11.11	12.17
2016年7月	7.34	10.33	4.82	11.59	11.83
2016年8月	7.18	10.25	4.63	11.31	11.64
2016年9月	6.89	10.16	4.34	9.89	10.79
2016年10月	6.7	10.5	3.63	10.15	11.25
2016年11月	5.62	12.67	4.85	12.75	12.88

（续）

运营时间	民营系	上市公司系	国资系	风投系	银行系
2016 年 12 月	6.12	12.97	4.41	13.26	14.55
2017 年 1 月	5.67	14.26	5.05	14.27	15.55
2017 年 2 月	5.7	13.76	5.11	14.18	15.87
2017 年 3 月	7.26	13.28	6.21	13.46	19.91
2017 年 4 月	7.12	12.62	6.81	12.4	19.15
2017 年 5 月	6.51	12.66	6.7	12.73	19.5
2017 年 6 月	6.2	12.96	6.83	12.62	20.36
2017 年 7 月	6.13	13.25	7.64	13.09	22.73
2017 年 8 月	5.7	13.87	7.95	13.6	23.73
2017 年 9 月	5.47	11.07	7.55	11.85	18.82
2017 年 10 月	5.65	11	7.05	11.04	18.87
2017 年 11 月	5.59	11.87	7.9	11.43	20.87
2017 年 12 月	6.24	13.31	8.48	12.35	22.89
2018 年 1 月	6.67	13.65	8.18	13.19	24
2018 年 2 月	6.91	14.52	7.83	13.19	23.62
2018 年 3 月	7.86	13.93	8.65	13.54	22.58
2018 年 4 月	7.85	14.09	8.67	13.63	21.82
2018 年 5 月	8.93	14.44	8.6	13.74	22
2018 年 6 月	9.12	14.34	7.71	13.76	21.94
2018 年 7 月	9.46	14.87	7.97	15.15	22.74
2018 年 8 月	10.12	15.58	7.91	15.99	23.75
2018 年 9 月	10.72	15.8	7.93	15.91	22.07
2018 年 10 月	10.85	15.07	7.98	15.57	19.93

注：数据来源：网贷之家。

基于表 6-2 中数据的计算结果，相对其他系而言，民营系平均借款期限最短、流动性风险最大。

（二）操作风险

操作风险是指由于民营系 P2P 网贷平台中平台员工、运营过程、平台基础设施等因素失误而导致平台亏损的风险。民营系 P2P 网贷平台主要有操作集中度和资金的操作过程风险。民营系平台平均借款期限较短,平台无资金托管,很容易发生操作风险。

(三) 信用风险

信用风险是民营系 P2P 网贷因借款人缺乏偿还贷款能力或缺乏偿还贷款意愿等原因,违反规定支付本息而造成的损失。信用风险从还款者是否具有偿还贷款的能力和是否具有还款意愿两个方面进行分析。在偿还能力方面:民营系 P2P 网贷平台中投资者投入资金的标准较低且投资金额较小,因此注册资金相对较少,由于民营系平台风控机制不完善等原因,标的金额相对较少,成交量金额相对较小,在偿还能力方面的风险较大。在偿还意愿方面:民营系平台利率水平较高,较高的利率水平带来较大的风险,大多数民营系 P2P 网贷平台运营时间较短,在偿还意愿方面风险较大。因此,综合可以判定民营系 P2P 网贷平台信用风险较大。

历史待还金额是信用风险中偿还能力的一个反映,历史待还余额是指截止到当月最后一天,平台已经贷出但是未还款(不含利息)的金额。根据分析整理的网贷之家网站数据可得贷款余额现状,具体如表 6-3 所示。

表 6-3 历史待还余额现状 (单位:亿元)

运营时间	民营系	上市公司系	国资系	风投系	银行系
2014 年 1 月	239.46	1.38	1.54	31.12	35.21
2014 年 2 月	260.81	2.96	3.72	29.09	40.21
2014 年 3 月	292.60	5.31	7.00	31.68	45.31
2014 年 4 月	296.04	6.89	8.73	40.02	48.57
2014 年 5 月	297.78	7.25	8.84	58.85	54.26
2014 年 6 月	337.81	8.69	9.75	65.52	55.21
2014 年 7 月	365.33	10.23	13.21	76.78	57.38
2014 年 8 月	394.15	14.67	15.19	91.68	65.21
2014 年 9 月	430.40	37.21	16.23	109.92	72.27
2014 年 10 月	469.13	39.58	18.02	128.49	88.92
2014 年 11 月	569.23	43.54	23.23	154.10	106.31
2014 年 12 月	632.99	55.66	28.87	188.79	129.69
2015 年 1 月	651.09	69.16	35.40	210.62	154.37

（续）

运营时间	民营系	上市公司系	国资系	风投系	银行系
2015 年 2 月	753.74	64.72	36.12	228.19	163.31
2015 年 3 月	937.14	79.53	40.87	275.16	185.33
2015 年 4 月	1195.61	84.37	48.84	322.18	206.55
2015 年 5 月	1143.40	136.87	50.41	356.72	219.56
2015 年 6 月	1224.31	277.11	114.36	433.81	179.14
2015 年 7 月	1127.76	281.86	148.89	458.36	173.36
2015 年 8 月	1564.18	367.85	189.69	546.17	261.26
2015 年 9 月	1783.26	445.41	215.76	629.52	339.92
2015 年 10 月	1939.98	501.72	227.78	761.74	360.16
2015 年 11 月	2125.74	531.82	262.04	835.29	364.74
2015 年 12 月	2339.31	584.63	304.75	894.37	407.21
2016 年 1 月	2406.91	1076.04	507.28	1576.70	480.04
2016 年 2 月	2627.56	1139.67	519.67	1536.04	505.87
2016 年 3 月	2548.40	1220.18	548.63	1643.64	538.85
2016 年 4 月	2827.16	1297.40	551.97	1739.17	596.54
2016 年 5 月	2914.05	1421.41	563.15	1858.38	676.61
2016 年 6 月	3070.57	1695.15	567.37	1913.43	790.51
2016 年 7 月	3184.06	1802.58	552.82	2119.44	847.96
2016 年 8 月	3234.62	1925.06	561.9	2253.16	933.58
2016 年 9 月	3312.28	2115.05	593.86	2404.31	971.02
2016 年 10 月	3449.09	2229.61	642.63	2688.78	1118.26
2016 年 11 月	3611.12	2563.29	685.2	2954.3	1330.1
2016 年 12 月	3687.83	2380.55	766.31	3015.69	1059.21
2017 年 1 月	3744.52	2609.64	788.83	3283.14	1182.28
2017 年 2 月	3810.94	2754	829.58	3448.45	1242.82
2017 年 3 月	4129.08	3017.03	859.7	3561.73	1355.97
2017 年 4 月	4104.49	3357.74	918.85	4001.46	1349.35
2017 年 5 月	4247.64	3451.11	937.28	4251.41	1413.52
2017 年 6 月	4352.97	3551.04	959.5	4365.01	1486.13
2017 年 7 月	4397.61	3713.53	993.46	4685.25	1574.68

（续）

运营时间	民营系	上市公司系	国资系	风投系	银行系
2017 年 8 月	4593.15	3986.41	1086.95	4793.86	1667.51
2017 年 9 月	4630.16	3955.67	1095.87	4805.44	1680.2
2017 年 10 月	4680.17	3998.37	1154.6	4867.06	1685.28
2017 年 11 月	4824.79	4165.13	1234.93	4969.71	1671.76
2017 年 12 月	4934.55	4124.24	1307.39	5024.28	1684.67
2018 年 1 月	5040.16	4264.05	1262.71	5394.87	1687.37
2018 年 2 月	5102.56	4326.56	1283.28	5470.97	1719.18
2018 年 3 月	5143.4	4340.35	1269.44	5495.29	1748.26
2018 年 4 月	5170.9	4353.48	1277.59	5519.85	1769.76
2018 年 5 月	5211.55	4388.69	1325.9	5570.55	1793.72
2018 年 6 月	5221.25	4398.82	1319.85	5584.1	1809.04
2018 年 7 月	3317.97	3671.61	1215.94	4688.92	1715.01
2018 年 8 月	3090.19	3241.84	936.16	4392.48	1617.64
2018 年 9 月	2801.18	3165.76	893.96	4237.32	1611.17
2018 年 10 月	2720.6	3064.8	876.57	4135.52	1551

注：数据来源：网贷之家。

从表 6-3 中可以看出，民营系 P2P 网贷平台的贷款余额从 2014 年 1 月的 239.46 亿元一直呈上升趋势，贷款余额大部分情况下高于其他系平台。贷款余额这个指标在衡量平台的规模和安全方面起到了至关重要的作用。贷款余额越高，平台的还款压力越大，信用风险也越大，如果无法按期回收借款，平台资金链断裂，平台就可能倒闭。

（四）市场风险

市场风险是指民营系 P2P 网贷平台在生产运作中由于市场变化导致平台份额急剧下降的风险。由于民营系 P2P 网贷平台数量较多，各个平台之间的竞争较大，而且有些平台通过较高的年化收益率吸引客户，致使平台面临较大的市场风险。

利率随着市场的变化而变化，P2P 网贷平台中综合利率水平是指当月全部归属该系平台的利率总水平，可以反映市场风险，利率水平越高，需要偿还的利息越多，风险越大，P2P 网贷平台综合利率水平现状如表 6-4 所示。

表 6-4　综合收益率水平现状　　　　　　　　　　　　　　　　（%）

运营时间	民营系	上市公司系	国资系	风投系	银行系
2014年1月	21.34	13.98	9.20	12.20	8.21
2014年2月	23.03	14.21	9.32	12.59	8.26
2014年3月	22.84	14.19	9.40	12.13	8.29
2014年4月	21.95	14.58	9.55	12.71	8.21
2014年5月	21.17	14.75	9.64	13.26	8.37
2014年6月	20.29	14.34	8.59	12.50	8.32
2014年7月	19.82	14.55	8.78	11.94	8.38
2014年8月	18.71	14.37	8.73	11.53	8.32
2014年9月	18.06	14.21	8.68	11.68	8.36
2014年10月	17.18	13.52	9.38	11.55	8.53
2014年11月	16.71	13.75	9.73	13.04	8.11
2014年12月	16.61	13.32	10.20	12.85	8.11
2015年1月	16.18	12.89	10.19	13.04	7.80
2015年2月	15.58	13.11	10.15	13.27	7.81
2015年3月	15.41	13.64	10.61	11.81	7.78
2015年4月	15.38	13.05	9.84	11.59	7.45
2015年5月	15.43	12.14	10.47	11.94	7.82
2015年6月	15.06	13.16	11.66	12.35	7.75
2015年7月	14.42	13.09	12.72	11.90	9.91
2015年8月	14.11	10.90	10.63	11.22	7.18
2015年9月	14.05	8.19	10.31	10.63	6.00
2015年10月	13.67	8.87	9.96	10.94	5.39
2015年11月	13.49	8.70	9.79	11.07	5.33
2015年12月	13.61	8.95	9.98	11.33	5.35
2016年1月	13.68	9.17	9.15	10.75	5.99
2016年2月	13.18	9.70	8.83	10.03	6.03
2016年3月	13.10	9.46	8.54	11.53	6.83
2016年4月	12.33	9.18	7.82	11.13	6.87
2016年5月	12.15	9.17	7.84	10.71	7.38
2016年6月	12.00	7.83	7.60	9.26	5.92

（续）

运营时间	民营系	上市公司系	国资系	风投系	银行系
2016年7月	11.80	7.76	7.53	9.16	5.85
2016年8月	11.60	7.51	7.18	8.85	5.78
2016年9月	11.38	7.19	7.19	7.98	5.67
2016年10月	11.29	7.16	6.88	7.88	5.84
2016年11月	11.51	7.44	7.09	8.17	6.08
2016年12月	12.06	7.66	7.45	8.59	6.62
2017年1月	12.14	8.19	7.75	9.41	6.76
2017年2月	11.93	7.88	7.97	9.18	6.68
2017年3月	11.26	7.88	8.37	8.98	7.12
2017年4月	10.37	8.01	8.57	9.24	6.83
2017年5月	10.32	8.01	8.78	9.18	6.85
2017年6月	10.54	8.10	9.13	9.34	6.83
2017年7月	10.59	8.12	9.03	9.47	7.12
2017年8月	10.53	8.17	9.20	9.65	7.01
2017年9月	10.46	8.53	9.06	9.59	6.21
2017年10月	10.42	8.38	8.56	8.96	6.03
2017年11月	10.49	8.39	8.44	8.93	6.28
2017年12月	10.44	8.36	9.09	8.90	6.78
2018年1月	10.43	8.16	8.90	8.81	6.99
2018年2月	10.52	8.18	8.71	8.88	7.45
2018年3月	10.53	7.91	8.81	8.83	7.17
2018年4月	10.51	7.93	8.79	9.09	6.63
2018年5月	10.54	8.08	8.70	9.32	6.57
2018年6月	10.38	8.06	8.44	9.37	6.27
2018年7月	10.23	8.00	8.04	9.74	6.60
2018年8月	10.50	7.81	6.70	9.53	6.75
2018年9月	10.71	8.52	6.95	10.18	7.02
2018年10月	10.59	8.33	6.83	9.88	6.54

注：数据来源：网贷之家。

从表6-4中可以看出，从2014年1月到2018年10月期间，各系平台的综合利率水平呈现出下降的趋势。但是，民营系P2P网贷平台的综合利率水平在多数月份中大于其他系。综合利率水平数值越大，市场风险也就越大。

三、民营系P2P网贷平台风险成因分析

民营系P2P网贷平台风险较大的主要原因在于缺乏必要的外部监管、行业风险较大、风控机制较差和缺乏完善的信息披露制度。

（一）缺乏必要的外部监督

互联网金融大力推进以来，我国尚未形成相对完善的法律政策体系。P2P网络借贷行业在早期基本位于无障碍、无准则和无管制状态。我国互联网金融刚刚起步发展，目前缺乏相应的监管和法律制度，对于网上交易的合规性规定不明确，这可能造成"搭便车"的风险集聚。互联网金融本身也蕴藏着较多隐性风险，比如利用互联网金融进行网络洗钱，利用互联网金融进行非法集资等。法律规范的缺乏，使得民营系P2P网贷平台处于疯长状态，有些不法分子利用法律的空白通过民营系P2P网贷平台实施违法行为，造成大量投资者的利益受损。

（二）行业风险较大

民营系P2P网贷行业本身借入资金者资质较差，风险较大，多数民营系P2P平台对借入资金者进行审核时，主要查看其网上提交的基本资料，审核比较宽松，且这些借款人抵押资产较少，偿还能力较差。民营系P2P网贷平台自身能力有限，对借款人后期使用资金监管不足，导致行业本身风险较大。民营系P2P网贷平台为了吸引投资者，投标保障大多以保本保息的方式进行，这使平台承受了更大的风险，且相对于银行借款和其他系平台而言，民营系P2P网贷平台利率水平较高，承担了较重还本付息压力。

（三）风控机制较差

民营系P2P网贷平台特点是允许借款者出借的最低资金很小，资金投入量有限，技术方面的投资金额非常有限。通过网贷之家查看平台档案时，发现大多数民营系P2P网贷平台高管仅仅是少数几个学习会计、金融和计算机等专业的人

员，平台在人员构成方面比较简单。大多数民营系 P2P 网贷平台内部管理不标准，风控和管理机制较差。

（四）缺乏完善的信息披露制度

目前，除了少数的几家上市系平台，大多数的 P2P 网贷平台不会在年报中披露自身的财务数据，民营系平台没有一家披露自身的财务数据。根据少数上市系平台公布的 2015 年度财务情况，大部分平台未能实现盈利，有些平台甚至处于大额亏损状态。例如，铜掌柜平台 2015 年净利润亏损 3872.91 万元，银湖网平台 2015 年净利润亏损 1093.61 万元。在平台风险指标方面，大多数平台呈现出避而不谈的态度，只有少数几家平台敢于公布；但从公布的数据中可以看出，坏账率、逾期率和不良贷款率都很低，甚至有的平台公布出均为零的状态，整体结果上比银行的不良贷款率还低。这表明在没有第三方审计师审计的情况下，平台风控指标数值缺乏参考意义。

第二节　P2P 网贷平台风险预警指标体系构建

一、指标选取原则

互联网金融民营系 P2P 网贷平台的风险不仅仅受平台自身的影响，还受借款者、贷款者的影响，即风险受多个参与方的交叉影响。因而，在建立预警指标体系时，既要考虑民营系 P2P 网贷平台自身因素影响，又要考虑各个参与者对平台的影响。总的来说，对于民营系 P2P 网贷平台而言，在构建指标时应该遵循以下原则：

（1）科学性原则。在构建评价指标体系时，科学性是必须依照的原则。我们建立互联网金融 P2P 网贷平台风险预警体系进行预警评价的目的是加强 P2P 网贷平台风险的实际可操作性。只有科学地设计网贷平台指标体系，才能保证预警模型的实用性和可操作性。

（2）全面性原则。在构设评价指标体系时，必须从全方位进行考虑。本书定义的风险预警是广义的，涉及的风险是全方位的，只有全面考虑风险的来源和形成原因，建立全方位的预警评价指标体系，才能起到预警的效果。

（3）可操作性原则。选取的评价指标，必须能够定量地表达出来。本书在对互联网金融民营系 P2P 网贷平台进行预警时，考虑了用户推荐度，这个指标可以根据网贷之家中用户的评论算出的百分比表示，例如，全是好评则用户推荐度为 100%，否则，用户推荐度会小于 100%，差评越多，用户推荐度就越低。

（4）针对性原则。P2P 网贷平台按投资主体的不同可以分为不同系的平台。本书主要研究的是民营系 P2P 网贷平台的风险预警，因此应该根据民营系平台投资金额较低、流动性较强和运营能力相对较弱等特点，选取针对性的指标进行衡量。

（5）预测性原则。本书构建评价指标体系进行研究的目的是对互联网金融民营系 P2P 网贷平台进行风险预警，因此，选择的指标应该具有预测风险的功能。本书根据互联网金融民营系 P2P 网贷平台的特征在选取预警指标时，选择敏感度较高的指标，以准确预测互联网金融民营系 P2P 网贷平台的风险。

二、指标体系确定

互联网金融背景下民营系 P2P 网贷平台主要存在流动性风险、操作风险、信用风险和市场风险。根据民营系 P2P 网贷平台的风险现状，从流动性风险、操作风险、信用风险和市场风险四个方面出发，遵循风险预警指标选取原则确定风险预警指标体系，实施实证分析。

（1）流动性风险主要衡量资产以适当价格快速转让的能力。本书选取资金净流入增长率、投资人数、借款标数、待收投资人数、待还借款人数、用户推荐度、成交额/注册资本、人均投资金额和平均借款期限水平等指标衡量流动性风险。资金净增长率数值比率越大，流动性风险越小；投资人数和借款标数越多，流动性风险越小，待收投资人数和待还借款人数越大，流动性风险越大；用户推荐度指标影响潜在投资者的投资决策，进而影响平台的发展，用户推荐度越高，流动性风险越小；成交额/注册资本和人均投资金额越大，流动性风险越小；平均借款期限越短，平台的流动性风险越大。

（2）操作风险受平台业务集中度和资金存放方式影响。本书选取前十大投资人待收占比和资金托管指标衡量操作风险。前十大投资人待收占比越大，平台的操作风险越大；资金托管分为有资金托管和无资金托管两种形式，有资金托管的平台操作风险小于无资金托管的平台。

（3）信用风险主要从偿还意愿风险和偿还能力风险两个方面选择指标进行分析。对于偿还意愿风险：利率越高，偿还意愿风险越大；运营月份时间越长，偿还意愿风险越小。对于偿还能力风险：注册资本越大，偿还能力越强；成交额越大，偿还能力越大；成交额/历史待还金额比率越大，偿还能力越强。

（4）市场风险主要评价民营系 P2P 网贷平台面临的市场压力。本文选取成交额增长率、投资人数增长率和借款标数增长率指标衡量市场风险。上述指标越大，平台发展能力越强，市场风险越小。

根据风险预警指标选取原则构建的互联网金融民营系 P2P 网贷平台风险预警指标体系如表 6－5 所示。

表 6－5　风险预警指标体系

一级指标	二级指标	三级指标编号	三级指标名称	三级指标说明
互联网金融民营系 P2P 网贷平台风险预警	流动性风险	X_1	资金净流入增长率	资金净流入增长率 =（本月资金净流入总额 － 上月资金净流入总额）/上月资金净流入总额 ×100%
		X_2	投资人数	投资人数是指当月投资该 P2P 网贷平台的总人数
		X_3	借款标数	借款标数是指借款方通过 P2P 网贷平台挂出的当月总标的
		X_4	待收投资人数	待收投资人数是指当月最后一天进行投标但金额未收回的投资人数量
		X_5	待还借款人数	待还借款人数是指当月最后一天进行招标但是没有归还全部本息的借款人数量
		X_6	用户推荐度	通过网贷之家获取的各个平台的用户推荐
		X_7	成交额/注册资本	成交额/注册资本 = 当月成交总金额/注册资本
		X_8	人均投资金额	当月总投资金额与当月总投资人数之比
		X_9	平均借款期限水平	按照当月所有标的计算平均每个标的借款时间的倒数
	操作风险	X_{10}	前十大投资人待收占比	前十大投资人待收占比是指在所有投资人中投资总金额排名前十的投资人的投资总金额占所有投资总金额的比值
		X_{11}	资金托管	资金托管指资金流运行在与平台合作的第三方托管企业。无托管取值为 0，有资金托管取值为 1

(续)

一级指标	二级指标	三级指标编号	三级指标名称	三级指标说明
互联网金融民营系P2P网贷平台风险预警	信用风险	X_{12}	注册资本	应交的注册资本金总额
		X_{13}	利率水平	利率是指当月的平均利率的倒数
		X_{14}	运营月份	运营月份是指从P2P网贷平台上线起,运行到相应月份的时间
		X_{15}	成交额	成交额是指该平台当月总的成交金额
		X_{16}	历史待还金额	历史待还金额是指按30日平均每日待还金额计算的金额
		X_{17}	成交额/历史待还	成交额/历史待还=当月成交总金额/历史待还金额
	市场风险	X_{18}	成交额增长率	成交额增长率=(本月总成交额−上月总成交额)/上月总成交额×100%
		X_{19}	投资人数增长率	投资人数增长率=(当月投资总人数−上月投资总人数)/上月投资总人数×100%
		X_{20}	借款标数增长率	借款标数增长率=(当月总借款标数−上月总借款标数)/上月总借款标数×100%

三、样本选择及数据来源

本书选取的样本数据来自网贷之家,网贷之家是中国第一家专业的P2P网贷理财行业门户网站,可以提供完整和专业的网贷平台数据。

根据数据可获取性原则,选取了10家民营系问题平台(Hi投吧、飞速贷、15贷、开开贷、聚投融、盈天下、沃资本、渣丰投资、紫金贷和幸福贷);借鉴以往学者的1∶3样本配比,按注册资本、平均收益率和保障模式等为配对条件,分别选取了30家民营系运营正常的平台(中金贷、金牛在线、塞上贷、利聚网、沪商财富、喜投网、迷你贷、沃信财富、众联财富、万家兄弟、小猪罐子、乐投贷、圈圈贷、橙旗贷、e微贷、信融财富、安心贷、河马在线、大丰收金融、飞特金融、瑞银创投、商富贷、量子贷、众联财富、新联在线、乾贷网、爱钱帮、易九金融、普天贷和沃时贷)。为了保证数据的稳定性,选取的40家民营系P2P网贷平台的运营时间均是一年以上。

由于民营系 P2P 网贷平台容易突发问题，因此以月份为周期进行研究。为了增加研究的准确性，从多期角度进行研究，选取问题曝光的当月作为 T，问题曝光的前一个月为 T-1，以此类推，分别选取 T-4、T-3、T-2 和 T-1 四个周期作为样本进行研究。与此相应，正常的平台选取与问题平台相应的月份进行研究。

第三节 P2P 网贷平台风险预警的实证分析

由于指标中存在部分绝对量指标，为了消除数量级对结果的影响，先将这些指标对数化。并且主成分分析法要求运行的数据必须是经标准化处理的数据，因此在实证分析前先将所有指标数据进行处理，见式（6-1）。

$$z = \frac{x - \mu}{\sigma} \quad (6-1)$$

式中 x——某一具体指标数据；

μ——平均数；

σ——标准差。

为了提高二元 Logistic 回归模型的正确性，数据之间的多重相关性应该降到最低。基于此，本文先采用主成分分析法对数据进行处理，然后采用二元 Logistic 回归模型构建民营系 P2P 网贷平台 T-4、T-3、T-2 和 T-1 四期的风险预警模型。

一、主成分因子的提取

（一）KMO 检验和 Bartlett 球形检验

首先将经过式（6-1）标准化后的数据实施 KMO 检验和 Bartlett 球形检验，测试其紧密程度和单独两个要素之间的紧密程度，以判断是否适合因子分析。通常认为，KMO 的数值大于 0.5 就能够采用因子分析方法进行数据处理。将标准化后的数据输进 SPSS 22.0 软件，输入数据后 KMO 检验和 Bartlett 球形检验的实证结果如表 6-6 所示。

表 6-6　KMO 和 Bartlett 球形检验

		T-4	T-3	T-2	T-1
Kaiser-Meyer-Olkin 度量		0.588	0.585	0.557	0.513
Bartlett 球形检验	大约卡方	1061.996	975.213	1085.4	1007.142
	df	190.000	190.000	190.000	190.000
	显著性	0.000	0.000	0.000	0.000

通过表 6-6 可看出 T-4、T-3、T-2 和 T-1 期的 KMO 分别为 0.588、0.585、0.557 和 0.513，四期数值均高于 0.500，且在 0.000 的水平上显著，因此数据可以使用因子分析。

（二）提取主成分因子

在进行 KMO 检验和 Bartlett 球形检验后，提取主成分因子，进行降维处理，也就是从上述 20 个指标中提取主要指标进行分析，提取特征根大于 1 的指标作为主因子。T-4、T-3、T-2 和 T-1 分别提取了 6 个、7 个、6 个和 6 个主成分因子，提取的主成分因子累计方差贡献率分别为 77.71%、77.85%、78.01%、76.70%，这表明提取的主成分因子能够完整反映民营系 P2P 网贷平台的运营状况，能够反映 P2P 网贷平台在经营中遇到的各种风险。通过 SPSS 22.0 提取的主成分因子的实证结果如表 6-7～表 6-10 所示。

表 6-7　T-4 期的主成分因子提取表

元件	起始特征值			撷取平方和载入			循环平方和载入		
	总计	变异的（%）	累加（%）	总计	变异的（%）	累加（%）	总计	变异的（%）	累加（%）
1	6.103	30.514	30.514	6.103	30.514	30.514	5.175	25.873	25.873
2	2.401	12.007	42.522	2.401	12.007	42.522	2.822	14.108	39.980
3	2.322	11.610	54.132	2.322	11.610	54.132	2.359	11.793	51.773
4	1.993	9.967	64.098	1.993	9.967	64.098	1.835	9.176	60.949
5	1.544	7.719	71.818	1.544	7.719	71.818	1.694	8.469	69.419
6	1.179	5.896	77.714	1.179	5.896	77.714	1.659	8.295	77.714
7	0.971	4.854	82.568						
8	0.794	3.969	86.537						
9	0.636	3.178	89.715						

（续）

元件	起始特征值			撷取平方和载入			循环平方和载入		
	总计	变异的(%)	累加(%)	总计	变异的(%)	累加(%)	总计	变异的(%)	累加(%)
10	0.490	2.451	92.166						
11	0.435	2.176	94.342						
12	0.345	1.725	96.067						
13	0.245	1.226	97.294						
14	0.199	0.997	98.291						
15	0.151	0.755	99.046						
16	0.093	0.466	99.512						
17	0.057	0.284	99.796						
18	0.034	0.168	99.965						
19	0.007	0.035	100.000						
20	0.000	0.000	100.000						

表6-8　T-3期的主成分因子提取表

元件	起始特征值			撷取平方和载入			循环平方和载入		
	总计	变异的(%)	累加(%)	总计	变异的(%)	累加(%)	总计	变异的(%)	累加(%)
1	5.572	27.858	27.858	5.572	27.858	27.858	4.939	24.693	24.693
2	2.604	13.021	40.879	2.604	13.021	40.879	2.385	11.925	36.618
3	2.154	10.770	51.649	2.154	10.770	51.649	1.869	9.345	45.963
4	1.668	8.339	59.988	1.668	8.339	59.988	1.724	8.618	54.581
5	1.436	7.180	67.167	1.436	7.180	67.167	1.684	8.422	63.002
6	1.095	5.473	72.640	1.095	5.473	72.640	1.583	7.914	70.916
7	1.042	5.209	77.849	1.042	5.209	77.849	1.387	6.933	77.849
8	0.927	4.636	82.486						
9	0.751	3.756	86.241						
10	0.718	3.590	89.831						
11	0.497	2.486	92.317						
12	0.410	2.051	94.368						

(续)

元件	起始特征值			撷取平方和载入			循环平方和载入		
	总计	变异的(%)	累加(%)	总计	变异的(%)	累加(%)	总计	变异的(%)	累加(%)
13	0.387	1.934	96.302						
14	0.259	1.297	97.599						
15	0.215	1.073	98.672						
16	0.107	0.533	99.205						
17	0.091	0.453	99.658						
18	0.063	0.317	99.975						
19	0.005	0.025	100.000						
20	0.000	0.000	100.000						

表6-9 T-2期的主成分因子提取表

元件	起始特征值			撷取平方和载入			循环平方和载入		
	总计	变异的(%)	累加(%)	总计	变异的(%)	累加(%)	总计	变异的(%)	累加(%)
1	6.044	30.218	30.218	6.044	30.218	30.218	5.461	27.305	27.305
2	2.752	13.758	43.976	2.752	13.758	43.976	2.513	12.563	39.868
3	2.355	11.776	55.752	2.355	11.776	55.752	2.391	11.957	51.825
4	1.738	8.689	64.441	1.738	8.689	64.441	2.003	10.017	61.842
5	1.642	8.212	72.653	1.642	8.212	72.653	1.997	9.983	71.825
6	1.072	5.360	78.012	1.072	5.360	78.012	1.237	6.187	78.012
7	0.923	4.614	82.626						
8	0.781	3.903	86.529						
9	0.673	3.364	89.893						
10	0.557	2.786	92.679						
11	0.354	1.768	94.446						
12	0.310	1.551	95.997						
13	0.285	1.425	97.422						
14	0.186	0.931	98.353						
15	0.151	0.756	99.109						
16	0.105	0.523	99.632						

（续）

元件	起始特征值			撷取平方和载入			循环平方和载入		
	总计	变异的(%)	累加(%)	总计	变异的(%)	累加(%)	总计	变异的(%)	累加(%)
17	0.060	0.300	99.932						
18	0.009	0.045	99.977						
19	0.005	0.023	100.000						
20	0.000	0.000	100.000						

表 6-10　T-1 期的主成分因子提取表

元件	起始特征值			撷取平方和载入			循环平方和载入		
	总计	变异的(%)	累加(%)	总计	变异的(%)	累加(%)	总计	变异的(%)	累加(%)
1	6.173	30.864	30.864	6.173	30.864	30.864	5.287	26.434	26.434
2	2.413	12.064	42.928	2.413	12.064	42.928	2.501	12.506	38.940
3	2.027	10.133	53.061	2.027	10.133	53.061	2.189	10.947	49.887
4	1.841	9.203	62.264	1.841	9.203	62.264	2.108	10.541	60.428
5	1.734	8.668	70.932	1.734	8.668	70.932	1.929	9.645	70.074
6	1.154	5.768	76.700	1.154	5.768	76.700	1.325	6.627	76.700
7	0.975	4.875	81.575						
8	0.845	4.227	85.802						
9	0.742	3.709	89.511						
10	0.536	2.682	92.193						
11	0.377	1.883	94.076						
12	0.319	1.597	95.674						
13	0.311	1.553	97.227						
14	0.200	0.999	98.226						
15	0.138	0.691	98.917						
16	0.126	0.629	99.546						
17	0.064	0.318	99.864						
18	0.021	0.105	99.969						
19	0.006	0.031	100.000						
20	0.000	0.000	100.000						

（三）因子载荷

因子载荷是因子分析的核心内容。本书选用最大方差法进行处理，对因子载荷矩阵执行正交旋转以说明因子命名的原因，系数显示格式按大小顺序进行排序。从表 6-11 中可以看出，T-4 期的公共因子 F_{11} 在 X_4 （待收投资人数），X_2 （投资人数），X_{15} （成交额），X_3 （借款标数）X_{16} （历史待还金额），X_7 （成交额/注册资本）和 X_{10} （前十大投资人待收占比）上载荷较大，可以将其命名为运营能力；F_{12} 在 X_9 （平均借款期限水平），X_{17} （成交额/历史待还），X_{14} （运营月份），X_5 （待还借款人数）和 X_8 （人均投资金额）上载荷较大，可以将其命名为偿债能力；F_{13} 在 X_1 （资金净流入增长率）和 X_{20} （借款标数增长率）上载荷较大，可以将其命名为保障能力；F_{14} 在 X_6 （用户推荐度），X_{11} （资金托管）和 X_{13} （利率水平）上载荷较大，可以将其命名为安全能力，F_{15} 在 X_{12} （注册资本）上载荷较大，可以将其命名为偿还意愿，F_{16} 在 X_{19} （投资人数增长率）和 X_{18} （成交额增长率）上载荷较大，将其命名为成长能力。同样，T-3 期、T-2 期和 T-1 期的因子载荷可以分别从表 6-12、表 6-13 和表 6-14 中看出。

表 6-11　T-4 期的因子载荷矩阵

	F_{11}	F_{12}	F_{13}	F_{14}	F_{15}	F_{16}
X_4	0.913	0.200	0.058	0.220	-0.131	-0.034
X_2	0.904	-0.229	-0.062	0.146	-0.233	0.124
X_{15}	0.854	0.127	0.341	-0.156	0.030	0.030
X_3	0.798	0.259	-0.125	-0.111	0.282	0.113
X_{16}	0.779	0.486	0.282	-0.134	-0.067	0.009
X_7	0.720	0.074	0.132	-0.091	0.461	0.066
X_{10}	-0.688	-0.262	-0.087	-0.227	0.007	0.279
X_9	-0.274	-0.795	-0.115	-0.170	0.146	-0.094
X_{17}	0.012	-0.775	0.082	0.096	0.189	0.001
X_{14}	0.305	0.749	0.080	-0.029	0.153	-0.052
X_5	0.418	0.459	-0.090	0.180	0.196	0.275
X_8	-0.354	0.452	0.445	-0.367	0.354	-0.140
X_1	-0.097	-0.036	-0.868	0.063	0.152	-0.029
X_{20}	0.192	0.007	0.830	0.149	0.089	0.335

(续)

	F_{11}	F_{12}	F_{13}	F_{14}	F_{15}	F_{16}
X_6	-0.080	-0.102	0.112	0.791	0.104	-0.183
X_{11}	0.083	0.120	-0.128	0.675	-0.017	0.324
X_{13}	0.155	0.086	0.491	0.542	-0.418	-0.056
X_{12}	-0.048	0.110	0.092	-0.052	-0.878	-0.059
X_{19}	-0.028	0.147	0.109	-0.064	-0.040	0.890
X_{18}	0.060	-0.243	0.386	0.193	0.302	0.623

表 6-12 T-3 期的因子载荷矩阵

	F_{21}	F_{22}	F_{23}	F_{24}	F_{25}	F_{26}	F_{27}
X_{15}	0.942	0.009	0.161	-0.057	-0.181	0.003	0.044
X_4	0.845	0.223	0.272	0.072	0.234	-0.024	0.077
X_7	0.840	0.015	-0.315	0.073	-0.106	-0.021	0.027
X_3	0.838	0.211	-0.283	-0.140	0.039	-0.059	0.16
X_{16}	0.825	0.421	0.215	-0.040	-0.188	-0.039	-0.074
X_2	0.816	-0.089	0.205	0.043	0.485	0.090	-0.002
X_{17}	0.047	-0.892	-0.098	0.088	0.043	0.036	0.202
X_9	-0.277	-0.738	-0.229	-0.175	0.130	0.023	-0.227
X_{14}	0.389	0.579	0.005	0.081	-0.413	-0.035	-0.156
X_5	0.393	0.507	-0.170	0.096	0.120	-0.363	0.073
X_{12}	-0.129	0.082	0.880	-0.158	0.008	0.086	-0.132
X_{13}	0.201	0.151	0.652	0.293	0.107	0.067	0.257
X_1	0.167	-0.049	0.103	-0.763	0.165	-0.203	0.107
X_{11}	0.120	0.065	0.095	0.749	0.214	-0.146	0.050
X_8	-0.130	0.137	-0.117	-0.125	-0.893	-0.126	0.052
X_{10}	-0.247	-0.044	-0.368	-0.110	0.434	0.010	0.059
X_{19}	-0.022	0.117	0.126	-0.136	0.197	0.850	0.107
X_{20}	0.025	-0.296	-0.016	0.236	-0.029	0.770	0.107
X_{18}	0.132	-0.027	-0.078	-0.147	-0.007	0.164	0.852
X_6	-0.060	-0.112	0.139	0.505	0.010	0.022	0.609

表6-13　T-2期的因子载荷矩阵

	F_{31}	F_{32}	F_{33}	F_{34}	F_{35}	F_{36}
X_{15}	0.951	-0.034	-0.001	0.252	0.069	0.026
X_2	0.918	-0.015	0.107	-0.307	0.110	-0.064
X_4	0.902	0.164	0.014	-0.312	0.175	-0.022
X_{16}	0.829	0.427	-0.192	0.192	0.151	0.037
X_3	0.769	0.208	-0.048	0.016	-0.430	-0.008
X_7	0.735	-0.003	0.092	0.147	-0.468	-0.157
X_{10}	-0.676	-0.222	0.178	0.412	-0.144	0.228
X_{17}	0.106	-0.886	0.256	-0.010	-0.147	0.121
X_9	-0.206	-0.808	0.026	0.146	-0.176	-0.252
X_{14}	0.375	0.683	0.179	0.256	-0.078	-0.065
X_5	0.407	0.450	0.019	-0.142	-0.407	0.172
X_{18}	0.013	-0.063	0.878	0.157	0.122	0.031
X_{20}	-0.197	0.037	0.829	-0.129	-0.135	0.113
X_{19}	0.116	-0.139	0.759	-0.283	0.152	-0.118
X_8	-0.063	-0.026	-0.178	0.889	-0.077	0.145
X_6	-0.002	-0.061	0.013	-0.610	-0.084	0.269
X_{12}	-0.041	0.105	0.105	0.068	0.828	-0.007
X_{13}	0.370	0.173	0.002	-0.129	0.672	0.243
X_1	-0.231	-0.016	-0.093	0.062	0.220	0.726
X_{11}	0.137	0.178	0.341	-0.322	-0.149	0.579

表6-14　T-1期的因子载荷矩阵

	F_{41}	F_{42}	F_{43}	F_{44}	F_{45}	F_{46}
X_{15}	0.926	0.003	0.106	0.145	0.208	-0.081
X_2	0.842	0.066	0.100	-0.453	0.114	-0.087
X_3	0.828	0.193	0.152	0.031	-0.306	-0.040
X_7	0.812	-0.050	0.006	0.061	-0.337	-0.013
X_4	0.810	0.197	0.030	-0.468	0.250	0.006
X_{16}	0.809	0.473	-0.071	0.004	0.219	0.076

(续)

	F_{41}	F_{42}	F_{43}	F_{44}	F_{45}	F_{46}
X_{17}	0.127	−0.878	0.176	0.148	0.034	−0.065
X_9	−0.163	−0.788	−0.216	0.169	−0.283	−0.160
X_{14}	0.352	0.664	−0.035	0.125	0.022	−0.051
X_5	0.423	0.466	0.306	−0.150	−0.302	−0.148
X_{18}	−0.073	−0.015	0.825	0.228	0.057	0.256
X_{19}	0.123	0.172	0.692	0.033	−0.281	−0.193
X_6	−0.065	−0.169	0.538	−0.415	0.095	−0.121
X_{11}	0.112	−0.012	0.517	−0.206	0.089	0.234
X_{20}	0.450	−0.083	0.482	0.311	0.050	−0.173
X_8	0.017	−0.097	−0.004	0.911	0.119	0.019
X_{10}	−0.564	−0.209	0.077	0.604	−0.123	0.035
X_{12}	−0.140	0.075	−0.029	0.059	0.843	−0.274
X_{13}	0.345	0.116	0.071	−0.044	0.734	0.375
X_1	−0.148	0.084	0.083	0.068	−0.055	0.911

（四）因子命名

根据因子载荷矩阵表对 T-4、T-3、T-2 和 T-1 期因子命名。结果如表 6-15 所示。

表 6-15 因子命名汇总表

	提取的因子	各因子上有较大载荷的指标	变量名称
T-4	F_{11}	X_2 X_3 X_4 X_7 X_{10} X_{15} X_{16}	运营能力
	F_{12}	X_5 X_8 X_9 X_{14} X_{17}	偿债能力
	F_{13}	X_1 X_{20}	保障能力
	F_{14}	X_6 X_{11} X_{13}	安全能力
	F_{15}	X_{12}	偿还意愿
	F_{16}	X_{18} X_{19}	成长能力

（续）

	提取的因子	各因子上有较大载荷的指标	变量名称
T-3	F_{21}	X_2 X_4 X_7 X_{15} X_{16} X_{20}	运营能力
	F_{22}	X_5 X_9 X_{14} X_{17}	偿债能力
	F_{23}	X_{12} X_{13}	偿还意愿
	F_{24}	X_1 X_{11}	保障能力
	F_{25}	X_8 X_{10}	风险集中度
	F_{26}	X_3 X_{19}	成长能力
	F_{27}	X_6 X_{18}	发展潜力
T-2	F_{31}	X_4 X_6 X_7 X_9 X_{10} X_{17} X_{20}	运营能力
	F_{32}	X_3 X_{14} X_{16} X_{19}	偿债能力
	F_{33}	X_8 X_{11} X_{13}	成长能力
	F_{34}	X_2 X_{15}	发展潜力
	F_{35}	X_1 X_{18}	偿还意愿
	F_{36}	X_5 X_{12}	保障能力
T-1	F_{41}	X_6 X_7 X_9 X_{10} X_{17} X_{20}	运营能力
	F_{42}	X_3 X_{14} X_{16} X_{19}	偿债能力
	F_{43}	X_5 X_8 X_{11} X_{13} X_{15}	成长能力
	F_{44}	X_2 X_4	风险集中度
	F_{45}	X_1 X_{18}	偿还意愿
	F_{46}	X_{12}	保障能力

（五）因子得分

使用回归法测度因子得分系数，并通过 SPSS 22.0 软件输出 T-4 期、T-3 期、T-2 期和 T-1 期的因子得分系数，根据因子得分系数得出 T-4 期、T-3 期、T-2 期和 T-1 期的主成分因子的得分函数，计算出 40 家平台的因子得分。T-4 期、T-3 期、T-2 期和 T-1 期的因子得分系数如表 6-16~表 6-19 所示。

表6-16　T-4期的因子得分系数表

	F_{11}	F_{12}	F_{13}	F_{14}	F_{15}	F_{16}
X_1	0.013	0.045	-0.396	0.078	0.082	0.061
X_2	0.238	-0.189	-0.083	-0.018	-0.178	0.083
X_3	0.162	0.027	-0.110	-0.075	0.130	0.052
X_4	0.183	-0.011	-0.029	0.071	-0.076	-0.048
X_5	0.029	0.168	-0.114	0.111	0.107	0.154
X_6	-0.062	0.009	0.069	0.488	0.175	-0.201
X_7	0.147	-0.050	0.034	-0.052	0.256	-0.031
X_8	-0.139	0.191	0.238	-0.128	0.232	-0.145
X_9	0.037	-0.305	0.016	-0.106	0.071	-0.056
X_{10}	-0.122	-0.039	-0.024	-0.123	-0.039	0.222
X_{11}	-0.037	0.091	-0.122	0.378	0.023	0.183
X_{12}	0.003	0.024	0.022	-0.114	-0.543	0.053
X_{13}	-0.016	0.017	0.203	0.263	-0.186	-0.088
X_{14}	-0.017	0.277	-0.002	0.027	0.108	-0.057
X_{15}	0.182	-0.067	0.116	-0.145	-0.015	-0.029
X_{16}	0.128	0.093	0.073	-0.113	-0.062	-0.021
X_{17}	0.074	-0.320	0.080	0.028	0.114	-0.045
X_{18}	-0.011	-0.103	0.124	0.076	0.146	0.318
X_{19}	-0.042	0.064	-0.057	-0.097	-0.123	0.589
X_{20}	-0.012	-0.045	0.343	0.045	0.054	0.102

表6-17　T-3期的因子得分系数表

	F_{21}	F_{22}	F_{23}	F_{24}	F_{25}	F_{26}	F_{27}
X_1	0.021	-0.037	0.123	-0.482	0.114	-0.175	0.181
X_2	0.187	-0.104	0.078	0.007	0.241	0.023	-0.095
X_3	0.164	0.054	-0.192	-0.090	0.037	0.016	0.092
X_4	0.156	0.012	0.106	0.012	0.123	-0.026	0.001
X_5	0.009	0.234	-0.140	0.047	0.162	-0.182	0.086
X_6	-0.048	-0.047	0.075	0.231	-0.044	-0.097	0.424
X_7	0.213	-0.087	-0.193	0.066	-0.094	0.043	-0.054
X_8	-0.008	-0.042	-0.002	-0.052	-0.541	-0.030	0.103

(续)

	F_{21}	F_{22}	F_{23}	F_{24}	F_{25}	F_{26}	F_{27}
X_9	0.048	-0.340	-0.041	-0.053	0.004	-0.030	-0.191
X_{10}	-0.080	0.136	-0.235	-0.067	0.319	0.019	0.064
X_{11}	0.005	0.007	0.011	0.438	0.121	-0.127	-0.037
X_{12}	-0.043	-0.043	0.511	-0.133	-0.031	-0.023	-0.071
X_{13}	-0.003	0.006	0.338	0.106	0.024	-0.049	0.162
X_{14}	0.050	0.195	-0.052	0.066	-0.198	0.091	-0.119
X_{15}	0.236	-0.173	0.099	-0.038	-0.179	0.004	-0.030
X_{16}	0.158	0.059	0.081	-0.028	-0.111	0.032	-0.085
X_{17}	0.120	-0.485	0.049	0.058	-0.119	-0.102	0.087
X_{18}	-0.029	0.052	-0.046	-0.184	-0.027	0.022	0.663
X_{19}	-0.027	0.204	-0.051	-0.119	0.109	0.588	0.003
X_{20}	0.057	-0.078	-0.077	0.134	-0.108	0.503	-0.057

表 6-18　T-2 期的因子得分系数表

	F_{31}	F_{32}	F_{33}	F_{34}	F_{35}	F_{36}
X_1	0.010	-0.079	-0.081	0.066	0.073	0.611
X_2	0.187	-0.112	0.016	-0.106	0.071	-0.022
X_3	0.135	0.024	-0.013	0.026	-0.213	0.049
X_4	0.166	-0.037	-0.016	-0.114	0.092	-0.005
X_5	0.028	0.172	0.011	-0.062	-0.238	0.137
X_6	-0.009	-0.051	-0.068	-0.313	-0.079	0.206
X_7	0.149	-0.047	0.056	0.098	-0.209	-0.058
X_8	0.046	-0.035	-0.014	0.464	-0.012	0.193
X_9	0.042	-0.329	-0.013	0.053	-0.036	-0.124
X_{10}	-0.090	-0.033	0.091	0.210	-0.075	0.197
X_{11}	0.024	0.036	0.098	-0.109	-0.125	0.457
X_{12}	0.000	0.022	0.062	0.075	0.424	-0.067
X_{13}	0.086	-0.023	-0.016	-0.009	0.328	0.173
X_{14}	0.003	0.307	0.148	0.161	-0.052	-0.100
X_{15}	0.232	-0.144	0.009	0.190	0.069	0.103

（续）

	F_{31}	F_{32}	F_{33}	F_{34}	F_{35}	F_{36}
X_{16}	0.148	0.078	-0.050	0.136	0.081	0.056
X_{17}	0.137	-0.434	0.045	0.029	-0.035	0.203
X_{18}	0.016	0.016	0.398	0.167	0.072	-0.018
X_{19}	0.017	-0.024	0.311	-0.080	0.084	-0.151
X_{20}	-0.058	0.093	0.355	-0.007	-0.086	0.027

表 6-19　T-1 期的因子得分系数表

	F_{41}	F_{42}	F_{43}	F_{44}	F_{45}	F_{46}
X_1	0.017	-0.018	-0.005	0.004	-0.085	0.704
X_2	0.152	-0.093	0.002	-0.177	0.038	-0.018
X_3	0.171	0.022	0.009	0.072	-0.181	0.017
X_4	0.138	-0.042	-0.029	-0.174	0.098	0.038
X_5	0.014	0.197	0.127	-0.023	-0.174	-0.127
X_6	-0.071	-0.092	0.278	-0.235	0.072	-0.112
X_7	0.210	-0.095	-0.067	0.068	-0.194	0.070
X_8	0.067	0.017	-0.016	0.469	0.087	-0.008
X_9	0.069	-0.328	-0.105	0.017	-0.109	-0.039
X_{10}	-0.077	0.012	0.061	0.259	-0.032	-0.006
X_{11}	-0.008	-0.052	0.233	-0.113	0.040	0.163
X_{12}	-0.074	0.049	0.037	0.057	0.470	-0.290
X_{13}	0.072	-0.047	0.009	0.012	0.357	0.260
X_{14}	0.016	0.296	-0.031	0.141	-0.016	-0.081
X_{15}	0.212	-0.089	-0.008	0.135	0.103	-0.025
X_{16}	0.147	0.123	-0.085	0.091	0.075	0.063
X_{17}	0.119	-0.421	0.065	0.015	0.062	0.021
X_{18}	-0.047	0.006	0.386	0.095	0.044	0.140
X_{19}	-0.046	0.112	0.331	0.027	-0.127	-0.186
X_{20}	0.087	-0.044	0.206	0.181	0.052	-0.140

提取的主成分因子得分是运用主成分分析法得到的一个重要数据,也是将多个指标缩减为少数几个指标的重要过程。主成分因子得分是后续进行二元 Logistic 回归模型的数据基础。

二、风险预警模型的构建和检验

由于样本数据不符合多元分布,而二元 Logistic 回归模型对数据要求较低,即使样本数据不符合多元分布也可使用等协方差,因此采用经主成分分析法提取的主成分因子构造二元 Logistic 回归模型,作为民营系 P2P 网贷平台的风险预警模型。

基于主成分因子方法构建的二元 Logistic 回归模型的概率 P 代表民营系 P2P 网贷平台发生问题的概率。二元 Logistic 回归模型的因变量为虚拟变量,数值取 0 或 1,当因变量的取值为 1 时,表明民营系 P2P 网贷平台为问题平台,当因变量取值为 0 时,表明民营系 P2P 网贷平台为正常平台。在构造的风险预警模型中,P 为因变量,提取的主成分因子为自变量。基于以往的研究,一般以概率 P 的数值 0.5 作为分界点,即当概率 $P \geqslant 0.5$,则表明民营系 P2P 网贷平台为问题平台;当概率 $P < 0.5$,则表明民营系 P2P 网贷平台为正常平台。

在使用 SPSS 22.0 软件进行二元 Logistic 回归处理时,选择输入回归方法构建风险预警模型。

(一)模型分数的综合性检验

模型分数的综合性检验主要检验模型的总体情况。总体情况结果如表 6 – 20 所示。

表 6 – 20　模型分数的综合检验

	T-4			T-3			T-2			T-1		
	卡方	df	显著性	卡方	df	显著性	卡方	df	显著性	卡方	df	显著性
步骤	12.83	6	0.046	15.85	7	0.027	13.53	6	0.035	23.27	6	0.001
区块	12.83	6	0.046	15.85	7	0.027	13.53	6	0.035	23.27	6	0.001
模型	12.83	6	0.046	15.85	7	0.027	13.53	6	0.035	23.27	6	0.001

表 6 – 20 模型分数的综合检验中各数据的含义依次为卡方、自由度和显著性概率 P 值。从中可看出,T-4、T-3、T-2 和 T-1 这四期的显著性水平分别是

0.046、0.027、0.035 和 0.001，四期的显著性水平值均小于 0.05，因此原始假设应被拒绝，即当方程中所有回归系数不同时，方程成立，采用该模型进行实证分析是恰当的。

（二）模型的拟合优度

本研究借鉴以往学者的研究思路，采用 -2 对数概似和 Nagelkerke R^2 方法对预警模型的拟合优度进行检验。

表 6-21 模型的拟合优度

	T-4	T-3	T-2	T-1
-2 对数概似	32.15	29.14	31.46	21.72
Cox & Snell R^2	0.27	0.33	0.29	0.44
Nagelkerke R^2	0.41	0.48	0.43	0.65

从表 6-21 中可看出：-2 对数概似值均小于 33，数值较低，模型的拟合优度较好；Nagelkerke R^2 都大于 0.4，模型的拟合优度较好。因此可以选用二元 Logistic 回归方法构建风险预警模型。

（三）模型的回归系数和方程

通过 SPSS 22.0 软件分别得出构建的 T-4、T-3、T-2 和 T-1 四个周期的风险模型回归系数。四个周期的风险预警模型回归系数结果如表 6-22 ~ 表 6-25 所示。

表 6-22 T-4 期模型回归系数

	B	S.E.	Wald	df	显著性	Exp（B）
F_{11}	0.774	0.574	1.818	1.000	0.178	2.169
F_{12}	-0.852	0.652	1.705	1.000	0.192	0.427
F_{13}	1.880	1.113	2.851	1.000	0.091	6.551
F_{14}	0.918	0.528	3.018	1.000	0.082	2.503
F_{15}	-0.452	0.501	0.816	1.000	0.366	0.636
F_{16}	0.842	0.632	1.776	1.000	0.183	2.320
常数	1.949	0.676	8.313	1.000	0.004	7.021

表6-23　T-3期模型回归系数

	B	S. E.	Wald	df	显著性	Exp(B)
F_{21}	0.920	0.556	2.738	1.000	0.098	2.510
F_{22}	-1.164	0.725	2.578	1.000	0.108	0.312
F_{23}	0.524	0.481	1.184	1.000	0.277	1.689
F_{24}	0.583	0.451	1.667	1.000	0.197	1.791
F_{25}	0.127	0.383	0.109	1.000	0.741	1.135
F_{26}	-0.359	0.400	0.803	1.000	0.370	0.699
F_{27}	1.701	0.846	4.045	1.000	0.044	5.479
常数	2.018	0.683	8.731	1.000	0.003	7.520

表6-24　T-2期模型回归系数

	B	S. E.	Wald	df	显著性	Exp(B)
F_{31}	1.074	0.569	3.571	1.000	0.059	2.928
F_{32}	-1.087	0.762	2.036	1.000	0.154	0.337
F_{33}	0.301	0.575	0.274	1.000	0.601	1.351
F_{34}	0.105	0.433	0.059	1.000	0.807	1.111
F_{35}	-0.089	0.453	0.039	1.000	0.844	0.915
F_{36}	1.493	0.575	6.743	1.000	0.009	4.452
常数	1.890	0.647	8.534	1.000	0.003	6.621

表6-25　T-1期模型回归系数

	B	S. E.	Wald	df	显著性	Exp(B)
F_{41}	0.949	0.710	1.785	1.000	0.181	2.582
F_{42}	-1.064	0.766	1.930	1.000	0.165	0.345
F_{43}	3.454	1.543	5.008	1.000	0.025	31.616
F_{44}	1.885	1.022	3.401	1.000	0.065	6.588
F_{45}	1.202	0.799	2.262	1.000	0.133	3.327
F_{46}	0.689	0.592	1.351	1.000	0.245	1.991
常数	3.047	1.199	6.455	1.000	0.011	21.059

从表6-22~表6-25中可以看出，在T-4期资金净流入增长率、借款标数增长率、用户推荐度、资金托管和利率水平在0.1的显著性水平上对风险有显著影响，且均是正相关关系，表明这些指标数值越大，平台越不容易出现风险；在T-3期投资人数、待收投资人数、成交额/注册资本、成交额、历史待还金额、借

款标数增长率、用户推荐度和成交额增长率在 0.1 的显著性水平上对风险有显著影响，且均是正相关关系，表明这些指标数值越大，平台越不容易出现风险；在 T-2 期待收投资人数、用户推荐度、成交额/注册资本、平均借款期限水平、前十大投资人待收占比、成交额/历史待还、借款标数增长率、待还借款人数和注册资本在 0.1 的显著性水平上对风险有显著影响，且均是正相关关系，表明这些指标数值越大，平台越不容易出现风险；在 T-1 期待还借款人数、人均投资金额、资金托管、利率水平、成交额、投资人数和待收投资人数在 0.1 的显著性水平上对风险有显著影响，且均是正相关关系，表明这些指标数值越大，平台越不容易出现风险。

根据表 6-22 ~ 表 6-25 可以得出 T-4、T-3、T-2 和 T-1 四期的风险模型方程见式（6-2）~ 式(6-5)。

$$\text{Logistic}(P_1) = 1.949 + 0.774X_{11} + 0.852X_{12} + 1.880X_{13} + 0.918X_{14} + 0.452X_{15} + 0.842X_{16}$$

(6-2)

$$\text{Logistic}(P_2) = 2.018 + 0.920X_{21} + 1.164X_{22} + 0.524X_{23} + 0.583X_{24} + 0.127X_{25} + 0.359X_{26} + 1.701X_{27}$$

(6-3)

$$\text{Logistic}(P_3) = 1.890 + 1.074X_{31} + 1.087X_{32} + 0.301X_{33} + 0.105X_{34} + 0.089X_{35} + 1.493X_{36}$$

(6-4)

$$\text{Logistic}(P_4) = 3.047 + 0.949X_{41} + 1.064X_{42} + 3.454X_{43} + 1.885X_{44} + 1.202X_{45} + 0.689X_{46}$$

(6-5)

三、实证结果分析

（一）预警模型的判定

在应用二元 Logistic 回归模型进行预警识别时，以概率 P 值进行判定，一般以 0.5 作为概率 P 的临界点。即如果实证结果的概率 $P \geq 0.5$，则平台为风险危机型；如果概率 $P<0.5$，则平台为风险正常型。

前文将经过主成分分方法提取的 40 家民营系 P2P 网贷平台的主成分因子，分别带入预警模型方程式（6-2）、（6-3）、（6-4）和（6-5）中，分别计算出四期 40 家民营系 P2P 网贷平台的概率 P 值，以进行风险预警判定。

（二）模型的结果分析

风险预警模型是否建立成功，还需要根据风险预警模型的结果和实际平台运行结果进行对比分析判定。若正确百分比较高，就可以判定风险预警模型的建立有效；若各期的正确百分比较差，则可以判定建立的风险预警模型是失败的，不能采用这种方法进行实证分析。

从表 6-26 中可以看出，T-4、T-3、T-2 和 T-1 四个周期的模型准确率均达到了 80% 以上，模型的整体效果较好。对于问题平台的预计，距离平台发生问题的时间越近，预测结果的精确度越高，预测结果的精确度从 T-4 期的 40% 上升到了 T-1 期的 70%。

表 6-26 模型的结果分析

		T-4			T-3			T-2			T-1		
		预测值		预测正确率	预测值		预测正确率	预测值		预测正确率	预测值		预测正确率
		0	1		0	1		0	1		0	1	
观察值	0	4	6	40%	6	4	60%	6	4	60%	7	3	70%
	1	1	29	96.7%	2	28	93.3%	3	27	90%	4	26	86.7%
整体预测正确率		82.5%			85%			82.5%			82.5%		

第七章
P2P 网贷平台下企业信用评价

农业是我国的基础产业，是经济建设与发展的基础和国民生存的根本，农业的发展情况决定着国民生存的质量和国家未来发展的高度。我国既是人口大国也是农业大国，农业的发展对于国家来说至关重要，农业发展离不开农业企业，农业企业发展壮大有利于国民经济高速平稳发展。根据国家制定的标准，农业企业可以分为大型企业、中型企业、小型企业和微型企业，其中，中小企业占比最多、覆盖面最广、影响最为深远。农业中小企业良性、持续、稳健地发展对于我国农业的发展影响巨大，历届两会以及"十三五"规划都关注到农业和农业中小企业，这表明了国家对农业和农业中小企业发展的决心，有助于为农业中小企业的发展搭建优质平台。虽然国家对农业中小企业的发展进行政策扶持，但是一些长期影响和制约农业中小企业发展的问题并未得到及时和妥善的解决[112]。

对于解决各种"三农"问题，金融的支持非常重要，特别对于一些农业中小企业，它们已经成为促进农业经济发展的主要力量。然而，中小企业融资难，尤其是农业企业融资难的问题已经困扰了我们20多年，融资难成为制约农业中小企业发展的主要障碍。中小企业因为信用等级低，缺乏抵押物等原因难以从银行取得贷款，加之农业本身是弱质性产业，风险高、收益低，这让一些金融机构望而却步。农业中小企业融资难题会阻碍企业自身的发展，也会间接影响整个农业产业的发展。河北省涉农企业在全国农业企业中占据重要的地位，本章将从河北省涉农企业信用评价进行展开。

第一节 河北省涉农企业信用评价现状及问题分析

河北省涉农企业包括农业生产型企业，农业加工型企业，农业流通型企业以及少数农资企业。其中，70%以上为农产品生产企业。本书进行信用评价、案例分析的涉农企业为从事酿酒的农产品加工企业。

一、河北省涉农企业融资现状分析

（一）涉农企业资金需求现状

涉农企业的生产和流通具有季节性，使得资金的投入和收回呈现出季节性周期特征。但是相当一部分农产品生产周期较长，因此涉农企业生产经营的资金周转相对较慢，资金的使用效率比较低。并且受自然和市场的双重因素影响，涉农行业相较其他行业具有更大的风险。因而，涉农行业的资金需求较大。

虽然涉农企业资金需求较大，但涉农企业从银行获得的贷款在银行同期全部贷款余额中所占比例很低，少于银行等金融机构贷款总额的10%，而农业作为整个河北省的重要产业，需要较多的资金支持，这使得在金融机构贷款的金额与实际所需金额极不相称。河北省涉农企业，分别有农业生产型企业，农业加工型企业，农业流通型企业以及少数农资企业，70%以上为农产品生产企业。对河北省涉农企业的调查发现，河北省大多数涉农企业的生产经营几乎都存在资金缺口，资金缺口在300万以下的占河北省总涉农企业的80.5%。涉农企业很难达到银行等金融业贷款要求，使得涉农企业缺乏资金，很难发展规模。2014—2016年我国金融机构向涉农企业贷款的数据如表7-1所示。

表7-1 2014—2016年我国金融机构向涉农企业贷款

	2014年	2015年	2016年
短期贷款（亿元）	462996.02	591265.91	765342.23
涉农行业所占贷款（亿元）	99544.14	119435.71	167609.95
比例（%）	21.5	20.2	21.9

注：根据国务院发展研究中心信息网数据整理，统计数据包括中国人民银行、政策性银行、农村商业银行、农村合作银行、农村信用社等。

河北省作为农业大省，河北省所享受的金融贷款比例仅占全国总贷款金额的3.96%，不能满足河北省涉农行业的发展，存在严重的资金短缺问题。

（二）涉农企业融资渠道分析

目前农业企业有两种融资模式：内源融资和外源融资。在企业初期，内部融资是最主要的模式，内部融资的成本远远小于外部融资；随着涉农企业的发展，仅靠内部积累不能应对持续发展对资金的需求，此时只有通过外部融资确保资金充足才能保证持续发展。在外部融资中，大多数涉农企业选择向金融机构借款，银行是最主要的融资渠道，但涉农企业的特殊性很难达到银行等金融机构的贷款要求。目前，我国农业银行和储蓄银行能够为涉农企业提供资金支持，而农业发展银行作为国家政策性银行专门为农村提供金融服务，但在实际上，这些金融机构对涉农企业提供的资金支持非常有限，并且大多数提供的是短期贷款，给涉农企业提供的少之又少，不能满足企业发展需要。

截至2015年12月，河北省内各金融机构贷款余额为23412.82亿元，比上年增加了3049亿元，全省对涉农行业的贷款为4788亿元，占所有金融机构贷款总额的20.4%。因此大多数涉农企业采用内部融资的方式，缺少资金是困扰河北省农业企业扩大及快速发展的主要因素之一，而采取内部融资导致涉农企业征信业很难发展，征信数据不完善，甚至银行对河北省大多数涉农企业征信记录处于空白状态。

作为创新的互联网金融模式，P2P金融贷款也在近年来迅速发展。根据我国电商研究核心数据库显示，截至2014年5月，全国范围内逾2000家P2P平台，行业交易规模已经突破3000亿元，并且P2P平台的数量以将近4倍的速度爆炸式增长，2014年中国P2P网贷交易规模爆发增长至1万亿元，满足了90%的中小涉农企业资金空缺。尤其是小牛在线等涉农P2P平台，日均交易额达到6491.95万元，约有55%的河北省涉农中小企业有在P2P平台上借贷的经历，这有效弥补了资金供求市场的空白，解决了众多中小企业融资问题，这是P2P网贷迅猛发展的主要原因。国务院总理李克强做政府工作报告时指出，要完善金融监管协调机制，让金融成为一池活水，更好地浇灌中小微企业。

因此，从P2P平台的角度，建立有效的信用评价体系，能够提高P2P平台的安全性能，促进互联网金融健康发展，引导信用评价体系建设。

二、河北省涉农企业信用评价现状及问题

根据科法斯集团最新发布的 2016 年第四季度亚太地区企业信用风险管理问卷调查结果，亚太地区企业的付款情况整体呈恶化态势。调查显示，我国 63% 的受访企业表示，曾多次遭遇过逾期账款拖欠问题，相较于 2015 年上升 2 个百分点。在这些遭遇逾期账款问题的企业中，有 56% 的企业表示实际逾期账款拖欠总额有所上升，该比例在所有受访国家和地区中排名第一。

从河北省整体行业来看，尤其是涉农行业的逾期拖欠呈上升趋势，平均逾期拖欠天数往往超过 6 个月，整体风险较高。由于涉农企业绝大多数都是中小型企业，因此呈现出过度竞争及利润空间微薄的特点，尽管逾期拖欠情况日益严重，但面对激烈的市场竞争，赊销现象不降反升。

河北省作为农业大省，由于涉农行业的不稳定性因素较多，容易产生信用波动。通过走访 5 家河北省涉农企业得到的调研结果如下：大部分河北涉农企业以农业生产为主业，而农业的高风险主要体现在自然灾害频繁且难以预防，例如 2016 年 7 月 18 日至 20 日河北发生历史罕见的特大暴雨，受灾人口达 904 万，直接经济损失 163.68 亿元，因此涉农行业信用极具不稳定性；农业产品的产量、收成质量、销售收入也会受气候因素的影响，例如 2016 年的特大洪水，全市农作物受灾面积 86254 公顷，其中成灾面积 18900 公顷、绝收面积 2598 公顷、损坏的耕地面积达 66 公顷。此外，因为内涝和倒伏，有部分农田被冲毁绝收，蔬菜受灾面积 9.2058 万亩[⊖]，灾农作物有玉米、棉花、花生、谷子等，畜牧业受灾直接经济损失达 2790 多万元。可见，构建涉农信用等级评价体系时需要把非人为因素对信用造成的影响单独进行分析。

由于涉农行业的特殊性，河北省涉农企业信用水平普遍较低，构建涉农企业信用评价体系步履维艰。对河北省涉农企业进行信用评价，需要分析当前河北省涉农企业信用评价现状。

（一）缺乏信用管理意识

涉农企业信用管理意识薄弱导致信用缺失。由于企业经营者缺乏信用管理意识，被调研的企业中有 90% 尚未认识到信用管理的重要性。信用信息不健全，

⊖ 1 亩 = 666.6 m²。

涉农的假冒伪劣产品层出不穷，导致涉农企业信用缺失较为严重。2016 年前 11 个月，全国工商和市场监管部门共立案查处假冒伪劣农产品案件 4.6 万件，案值 6.5 亿元，其中涉农行业查处假农药 86.2 吨，假种子 365 吨，农用机械、配具等 3551 件，劣质过期食品达 89 万千克。涉农企业风险大、利润普遍较低、经营者缺乏信用管理意识，导致了涉农信用缺失的现状。

调研发现河北省涉农企业大多数是从事生产的涉农企业，约 65% 以上的企业对信用没有深刻的认识，大多数企业认为扩大业务才是企业发展至关重要的问题，正是因为缺乏相应的信用管理意识，导致河北省涉农企业信用评价处于滞后阶段，正是对信用认识薄弱的原因，导致河北省涉农企业缺乏相应的信用评价体系。

（二）涉农企业信用评价指标不全面

针对涉农企业进行信用评价，要建立在完善的信用评价指标的基础上，信用评价指标设置的有效性决定了最终的评价结果是否真实可靠。然而在查阅分析文献时发现，近些年来对信用评价的研究已经趋于停滞，设置的信用评价指标也仅仅处于可获得的客观数据指标上，例如，财务指标、企业基本状态指标等，对新起的电子商务因素，并没有考虑在内。河北省大多数涉农企业有网上交易的经历，例如，网上交易成交数、客户满意度、客户回头率等指标成为信用评价必不可少的评价因素。

当前的信用评价指标体系对这些因素考虑很少。在当前的信用评价研究中，只有极少部分是有关于涉农企业的，因此对涉农企业的信用评价很少，对涉农企业信用评价指标的设置也相对落后，而农业信息常常以周期变化的形式出现，甚至有些特殊情况，例如，自然灾害，农产品价格突变等会极大影响涉农企业的发展，自然对信用状况产生巨大的变化，这些涉及动态变化的农业信息也应当被作为信用评价指标纳入到信用评价中去，然而当前并没有完善的涉农企业信用评价指标体系存在。

（三）动态信用评价模型方法较为单一

国内外采取各种不同的评价方法对企业进行信用评价，但由于涉农企业特殊性，立足于涉农企业的分析不够，涉农信用评价指标不能完全覆盖所有信息，建立动态信用评价模型方法少，更缺乏统一的信用等级评价体系，并且随着大数据的普及，很多方法应当借助数据分析带来机遇。然而由于数据不能共享、信用信息保密、商业信用难以获得等因素，使得企业信用的评价模型方法较为单一，仅仅依赖静态数据而构建的评价方法并不能满足涉农企业动态信用评价的要求。本书构建了动态的信用评价模式，弥补了涉农动态信用评价的要求。

三、河北省涉农企业信用评价存在问题的原因分析

（一）涉农征信数据缺失

涉农 P2P 借贷平台为涉农企业提供了一个快速便捷的通道，但由于投资人仅通过企业本身提供的贷款信息无法准确识别信息的真实可靠性，无法判断企业的财务状况、信用情况及项目风险，而且当前我国社会信用体系建设滞后、契约精神还未广泛形成，涉农企业征信数据尚在逐步完善之中，不少涉农企业的征信记录是空白的。由于涉农信息时刻处于季节周期变化中，可能发生的自然灾害和价格变动导致涉农企业的信用时刻处于波动中，不利于取得及时恰当的信用数据。本书选择财务报表以及涉农市场调研获取的信息作为征信数据基础，弥补了征信数据缺失问题。

（二）涉农信息标准性差

涉农信息具有一定的特殊性，即农业市场具有较强的周期性变化规律，且农业产品利润率普遍较低、涉农借款信用风险高，再加上涉农金融的全面普及不到位，使得涉农 P2P 网络借贷平台资金运作没有商业性质火热。但随着涉农信息的普及以及国家政策对农业的扶持，涉农 P2P 网贷平台具有非常广阔的发展前景。针对农业的这些特殊性，对涉农企业进行信用评价具有很重要的意义。本书选择信用评价动态指标，分析了河北省涉农情况，并将涉农信息动态变化作为征信依据，尽可能弥补标准性差的不足。

涉农企业的特殊性使其很难达到银行等金融机构的贷款要求，因此河北省涉农企业获得融资大多采用内部融资的方式。而内部融资方式导致涉农企业征信业很难发展、征信数据不完善，甚至银行对河北省大多数涉农企业征信记录处于空白状态，这导致了现有的涉农企业信息标准性差的问题。

（三）信用体系建设基础不足

涉农企业信用体系建设是一项综合性系统工程，涉及部门、环节较多。虽然从农村居民到涉农政务机关都深知农村信用体系的重要作用，但构建完善的信用

体系不仅需要有长期的规划和安排，也需要确定牵头部门组织各机构共同推进，且涉农行业利润率较低、承担风险较大，这都将影响到信用体系建设。

第二节　P2P 网贷平台下涉农企业信用评价体系构建

基于 P2P 网贷平台的涉农企业信用评价，是从 P2P 网贷平台的角度，对涉农企业进行信用评价。信用评价考虑企业的相关信用信息，例如财务信息、基本信息、发展模式、涉农行业市场信息、电商背景的网络交易信息等，将影响企业信用水平的因素结合起来，综合评价河北省涉农企业信用水平，即通过构建动态信用评价体系，最终评价涉农企业信用等级。

一、P2P 网络借贷平台下河北省涉农企业信用评价构思

（一）信用评价的构建原则

1. 信用数据采集与评价相结合

构建信用评价体系，采用主观和客观相结合的方法对信用数据进行分析。选取第三方独立平台的信用数据并结合银行、政府数据库采集信用数据，这有助于提高信用评价的公信力和影响力；同时，问卷调查采集相关部门的主观数据，包括来自于 P2P 网贷平台、高校、高管等各方面的信息，这有助于提高信用数据的广泛性和全面性。通过综合评价得到统一的涉农企业综合信用评价等级。

2. 信用评价与管理相结合

构建全新的动态信用指标以及信用指标辅助模型，时刻反馈信用指标隶属度向量变化，实时调整，在大数据的背景下对动态隶属度向量进行微调，完善对涉农企业的信用评价。

3. 信用评价与监管相结合

为了获得高效的信用评价，需要进行信用监督管理。对于信用监督管理而言，内部规范化管理必不可少。在信用评价过程中涉及的资金流、物流、信息流、涉农质量安全标准等，都会影响企业信用水平，需要重点关注。根据规范商务活动的国家政策、法律、法规和标准，对信用评价指标机制进行及时的调整。

动态监管保障体系从应急管理体系、失信惩戒机制、涉农质量安全标准和农产品特性追溯等四大方面对信用评价机制进行监管。

(二) 信用评价的整体框架

P2P 网贷平台下河北省涉农企业信用评价的整体框架由涉农企业信用等级评价模型与动态监管保障体系两部分组成。

涉农企业信用等级评价模型的构建过程为：首先，根据 FCIEM 模型构建了 5 大类 49 个初始评价指标体系；其次，构建了子评价指标体系权重矩阵向量，结合模糊数学综合评价法对涉农企业进行信用综合评价并得到综合信用评价分数；最后，根据综合信用评价分数，得到该企业的信用级别。

动态监管保障体系分为两个部分。其一是动态信用指标辅助模型，运用数据挖掘的时间序列模型对影响涉农企业信用水平的数据进行预测，得到该动态的信用评价指标的隶属度向量，同时与基于熵权-AHP法确定的客观静态指标权重向量一起建立信用等级评价模型，由此得到考虑含动态指标的一个综合的信用评价分数，最终确定考虑动态性条件下该涉农企业的信用级别。其二是数字监管模型，由涉农质量安全标准、农产品特性追溯、失信惩戒机制、应急管理体系等四个方面对涉农企业信用等级评价模型进行"活数据"动态监管。P2P 网贷平台上的河北省涉农企业信用评价的整体框架如图 7-1 所示。

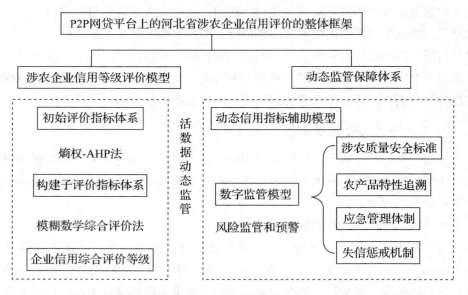

图 7-1　P2P 网贷平台上的河北省涉农企业信用评价的整体框架

1. 涉农企业信用等级评价模型构思

构建涉农企业信用等级评价模型，如图7-1：

首先，采集来自P2P网贷平台的数据和银行、政府的客观信息。其次，采集来自各个方面的主观信息，如电商交易店的高管、高校教师、政府专业人士。构建5大类49个评价指标，并结合熵权-AHP对以上采集的主观和动态客观数据构建子评价指标的权重矩阵向量。最后，运用模糊数学综合评价法分析子评价指标的权重矩阵向量，建立企业信用综合评价等级。

2. 动态监管保障体系构思

构建动态监管保障体系。如图7-1所示，动态监管保障体系分为两部分，动态信用指标辅助模型和数字监管模型。

（1）动态信用指标辅助模型。动态监管保障体系下的动态信用指标辅助模型采用数字挖掘下的时间序列三指数平滑方法构建。

首先，对影响涉农企业信用水平的数据进行预测，对具有季节周期特性的农业数据进行拟合并预测。指数平滑模型的三指数平滑有3个参数，适合于对具有趋势和季节周期特性的信用数据时间序列进行拟合预测。其次，通过预测结果得到某时间点的信用状况，而后判别分析隶属度向量得到该动态的信用评价指标的隶属度向量，与基于熵权-AHP法确定的客观静态指标权重向量一起建立信用等级评价模型，由此得到含动态指标的综合信用评价分数，最终确定动态性下涉农企业的信用级别。

动态信用指标辅助模型是动态监管保障体系的重要组成部分之一。辅助信用等级评价体系的建立，是对信用指标的进一步完善，它考虑了农产品的周期特性，能够提供更高效的企业综合信用评价。

（2）数字监管模型。动态监管保障体系下的数字监管模型，构成了动态监管保障体系的另一个部分，包括涉农质量安全标准、农产品特性追溯、应急管理体制、失信惩戒机制四大方面。

涉农质量安全标准，是评价涉农企业信用保障的关键因素，是规范农产品生产经营的重要技术保障。这不仅可以淘汰一些质量不达标、信用水平低的涉农企业，也可以为P2P网贷平台的信用水平提供一定保障。

农产品特性追溯机制，通过从农产品原材料价格追溯信息和涉农业务流程、涉农动态信息采集、信息传递和查询等的分析以及农产品质量安全标准机制的分析，对涉农企业的信用水平进行反馈。

应急管理体制是指为保证涉农企业的持续经营，设置有效预防和应对各种突发事件的机制，能够减弱甚至避免突发事件造成的危害，保证涉农企业能够正常经营。

失信惩戒机制可以通过法律、道德等手段对其平台下的涉农企业进行监管，可以淘汰信用不达标的涉农企业、包揽更多的诚信运营的新生代涉农企业。

动态监管保障体系下的数字监管模型可以在这四个方面对涉农企业信用等级评价模型进行"活数据"式的动态监管。

二、涉农企业信用评价指标体系构建

（一）涉农企业信用评价指标的选取原则

1. 合规性原则。涉农企业信用评价指标的选取应符合国家政策、法律的要求，避开敏感信息。

2. 层次性原则。信用评价指标应满足层次性原则，并将信用指标进行有效划分。子指标层是影响涉农企业信用问题的若干细化因素。

3. 可操作性原则。涉农指标数据的选取要满足可操作性原则，信用数据易获得，尤其对定性指标的获取应考虑能够有效定量化的问题，使得能够建立可操作的信用等级评价模型。

4. 信用可持续性原则。在评价涉农企业信用的问题上，本书假设该企业能够保持信用可持续性原则，使得信用的评价具有连续性，可有效评价企业信用水平。

5. 定量与定性指标相结合原则。不能简单地将定性分析和定量分析孤立起来，应该把它们结合起考虑。定性可以作为补充，定量作为进一步的深化，共同建立涉农信用指标体系。

6. 完整性原则。对涉农信用评价指标的选取应遵循完整性原则，例如，在评价电商P2P网贷平台上的企业信用水平时，应考虑电商环境下的信用指标因素，应完整地构建有效的信用评价指标体系。

（二）涉农企业信用评价指标体系改进

对传统的专家信用评价4F评价法（财务要素、组织要素、经济要素、管理要素）进行改进，考虑网络环境中的涉农信息，构建了FCIEM模型，通过5个维度来评价企业的信用问题，即财务指标（F）、企业状况（C）、管理创新能力（I）、网络信息指标（E）和涉农市场状况（M）。其中财务指标（F）、企业状况

(C)、管理创新能力（I）、网络信息指标（E）为静态信用指标，涉农市场状况（M）为动态信用指标。具体如图7-2所示。

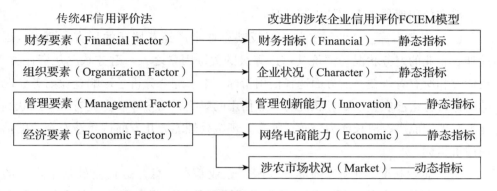

图7-2 改进的涉农企业信用评价 FCIEM 模型

根据构建的 FCIEM 模型选择涉农企业信用评价的具体指标。财务指标（a1）结合涉农企业特点，从获利能力、偿债能力、成长能力、营运能力、现金获取能力几方面构建信用评价指标；企业状况（a2）结合相关涉农企业的具体情况，通过分析企业基本状况、企业领导者素质和能力、员工素质和能力综合反映企业的信用情况；管理创新能力（a3）评价企业创新管理的现状与创新效果；网络电子商务能力（a4）从网络履约情况和网络电子商务能力两方面反映涉农企业的信用水平；涉农市场状况（a5）从行业状况和市场竞争力以及动态指标体系原材料价格指数进行定量分析。以上是涉农企业信用评价体系的准则层和子准则层的指标，在子准则层之下进一步选取了指标层的指标，如表7-2所示。

表7-2 涉农企业信用评价指标列示

	信用评价指标	构建涉农企业的信用评价指标
静态指标	财务指标	从获利能力、偿债能力、成长能力、营运能力、现金处理能力这几方面来构建涉农企业的信用评价指标
	企业状况	从企业规模、企业领导者的素质能力、员工的素质能力、管理水平来综合反映企业的信用情况
	管理创新能力	评价企业在创新管理上的投入与产出等现状，以及评价成果的转化能力和企业知识产权拥有量
	网络电商能力	从网络履约情况和电子商务能力两方面来反映涉农企业的信用水平
动态指标	涉农市场状况	从行业状况和市场竞争力以及动态指标体系原材料价格指数进行定量分析

(三) 涉农企业静态信用指标体系构建

静态信用评价要素包括以下几种：

(1) 财务指标。企业财务状况是反映企业生产经营情况的最直接要素，因此涉农企业的财务状况是评价其信用等级的关键因素之一。财务状况从资产类、负债类和所有者权益类三方面选择信用指标。本书综合分析了影响企业财务状况的指标，考察涉农企业财务状况对企业信用的影响，结合涉农企业特点，从获利能力、偿债能力、成长能力、营运能力、现金处理能力几方面构建涉农企业的信用评价指标。

(2) 企业状况。企业基本状况反映了企业基本信息，是企业最基本素质的体现。在评价企业信用时，企业基本素质要素最为可靠，素质高的企业一般来说信用情况相对较好。因此，结合相关涉农企业的具体情况，本书通过企业规模、企业领导者的素质能力、员工的素质能力、管理水平综合反映企业的信用情况。

(3) 管理创新能力。管理创新是一个企业生存和发展的灵魂，要保持企业旺盛的生命力与良好的商誉，企业文化中的创新意识是必不可少的。管理创新可通过企业在创新管理上的投入与产出现状、成果转化能力和企业知识产权拥有量进行评价。管理创新是评价企业信用的重要指标。

(4) 网络电商能力。网络信息指标体现了网络电商环境下的特点，从网络履约情况和电子商务能力两方面来反映涉农企业的信用水平。网络履约情况从P2P网贷履约情况和银行履约情况两方面评价企业偿债意愿，电商能力从网络销售、推广比率、在线服务和网站服务等几个方面反映企业信用水平。

(四) 涉农企业动态信用指标体系构建

(1) 动态信用评价指标选择涉农市场状况指标。由于涉农行业的特殊性，农业信息常常以周期变化的形式出现，甚至有些特殊情况，例如，自然灾害，农产品价格突变等会极大影响涉农企业的发展，自然会对信用状况产生巨大的影响，这些涉及动态变化的农业信息也应当被作为信用评价指标纳入到信用评价中去。因此选择动态信用评价指标涉农市场状况 ($a5$)，从行业状况和市场竞争力以及动态指标体系原材料价格指数进行定量分析。看该行业是否得到政府支持，是否有一定的市场竞争力和占有率，是否有一定的发展前景，以及企业供应链稳定性、市场拓展和销售能力等，考虑到市场环境的影响，本书对行业状况、市场竞争力和农产品价格指数三方面进行定性分析。

（2）X-12-ARIMA 季节调整法的运用。本章采取涉农市场状况其中关键一环作为动态信用评价指标即农产品价格指数。采取 X-12-ARIMA 季节调整加法，将动态信用评价指标农产品价格指数按照加法分解，分为 c47 价格趋势变动因子，c48 价格稳定系数和 c49 价格敏感性系数，农产品价格指数是构建的动态信用评价指标，分为动态子评价指标价格趋势变动系数价格、稳定系数和价格敏感性系数，通过构建动态信用指标辅助模型得到的动态信用评价指标。共同反映动态信用评价指标——农产品价格指数的变化情况。信用评价指标如表 7-2 所示。

三、涉农企业信用评价指标权重向量的确定

（一）基于熵权-AHP 法的静态信用评价指标权重向量的确定

假设 m 个评价指标的 AHP 专家主观权重向量为 W'，熵权的客观权重向量为 W''，结合而得到的综合权重为 W，其计算见式（7-1）。

$$W = (W_1, L, W_i, \cdots, W_m), \quad W_i = \alpha W_i' + (1-\alpha) W_i'' \quad (7-1)$$

1. 熵权法模型

熵权法是一种客观赋权方法，反映的是客观数据蕴含的信息。根据各指标传递给决策者的信息有效量大小来确定其权数。

（1）规范化矩阵 R_{ij} 假定有 m 个方案，每个方案有 n 个评价指标，那么可以写出各个方案不同指标组成的评价矩阵，其中 $R = [r_{ij}]_{n \times m}$ 为第 i 个方案的第 j 个指标。矩阵 R 为极差归一化的矩阵

$$\text{正向指标 } r_{ij} = \frac{x_{ij} - \min\limits_{1 \leq i \leq m}(x_{ij})}{\max\limits_{1 \leq i \leq m}(x_{ij}) - \min\limits_{1 \leq i \leq m}(x_{ij})}, \quad (1 \leq i \leq m, 1 \leq j \leq n) \quad (7-2)$$

$$\text{逆向指标 } r_{ij} = \frac{\max\limits_{1 \leq i \leq m}(x_{ij}) - x_{ij}}{\max\limits_{1 \leq i \leq m}(x_{ij}) - \min\limits_{1 \leq i \leq m}(x_{ij})}, \quad (1 \leq i \leq m, 1 \leq j \leq n) \quad (7-3)$$

（2）熵权法客观赋权

$$H_j = -k \sum_{i=1}^{n} f_{ij} \ln f_{ij}, \quad i = 1, 2, \cdots, m \quad (7-4)$$

式中，$k = \frac{1}{\ln n}$；$f_j = \frac{R_{ij}}{\sum\limits_{i=1}^{n} R_{ij}}$，其中 $\sum\limits_{j=1}^{n} w_j = 1$，且 $0 \leq w_j \leq 1$。

$$\lambda_j = \frac{1-H_j}{m - \sum_{j=1}^{n} H_j}, \quad j=1, 2, \cdots, m \qquad (7-5)$$

这样得到了基于熵权的评价指标权重向量

$$W''' = (u_1''', u_2''', \cdots, u_m''')$$

2. AHP 法模型

AHP 法是将定性与定量相结合、综合系统化程度较高的一种层次权重决策分析方法。它能将所研究的问题有效层次化,并结合专家主观性与财务客观性,根据同一层的元素重点性构建判断矩阵,通过层次之间的比较得出第一层到最细一层的所有元素的相对权重并进行比较。AHP 有着其灵活可操作性的特点,能将定性与定量指标有效结合起来,在很多领域中有着广泛的应用。

(1) 构建层次结构。选取影响涉农企业信用问题的若干因素,按照各个因素的归属自上而下的划分为递进的几个层次。根据 AHP 法模型的构建,划分为三层:目标层、准则层、指标层。目标层是涉农企业的信用状况;准则层是连接目标层和指标层的中间过渡层,将指标层进行有效划分;指标层是影响涉农企业信用问题的细化的若干因素。

(2) 构建判断矩阵。在构建完影响涉农企业信用水平的因素结构之后,按照各层次之间的关系重要性关系,邀请专家对信用评价指标体系中的若干指标分别进行比较,得到若干个判断系数矩阵:

$$R_k = (r_{ij})_{m \times m} \qquad (7-6)$$

式中,m 为子目标中的指标个数;k 表示第 k 个专家;r_{ij} 表示指标 i 与指标 j 相比较所得的判断系数;而 r_{ji} 表示指标 j 与指标 i 相比较得出的判断系数,则 $r_{ji} = 1/r_{ij}$,本书对各个指标相互之间的重要性采用 1-5 赋值,如表 7-3 所示。

表 7-3 判断矩阵的比例标度及含义

标 度	含 义
1	表示两个因素相比同样重要
2	一个因素比另一个因素稍微重要
3	一个因素比另一个因素明显重要
4	一个因素比另一个因素强烈重要
5	一个因素比另一个因素极端重要
倒数	若因素 i 与 j 比较得数,则为 j 与 i 比较得数

(3) 计算指标各个层次的权重向量。采用特征向量法，如果判断矩阵建立正确，则得到矩阵

$$Q_K = R_k \cdot W' = (r_{ij})_{m \times n} \cdot [u_1', u_2', \cdots, u_m']^T = \lambda [u_1', u_2', \cdots, u_m']^T \quad (7-7)$$

式中，$W' = (u_1', u_2', \cdots, u_m',)^T$ 为 λ 所对应的特征向量。

(4) 一致性检验。为使得若干个判断矩阵更加合理和可靠，本书对判断矩阵进行一致性检验，判断矩阵的一般性指标 CI。当一般性指标 CI 小于 0.1 时，可认为该判断矩阵具有较好的一致性，若不满足一致性检验。则需要调整该判断矩阵，直到其符合一致性检验为止。

计算一致性指标

$$CI = \frac{\lambda - n}{n - 1} \quad (7-8)$$

以及一致性比率

$$CR = \frac{CI}{RI} \quad (7-9)$$

（二）基于三指数平滑法的动态信用指标隶属度向量的确定

1. 动态信用指标辅助模型构建

(1) 动态循环模式构建。在进行涉农企业信用水平的评价时，会面临涉农行业的复杂性与周期性。随着数据化时代的到来，在信用评价领域也要灵活运用大数据所带来的信息。采购信息、交易信息、物流、电商信息流、销售过程中的消费者需求、消费偏好、农产品质量安全情况等带来的影响，农产品主要市场价格行情等，都有大数据的背影。因此，很有必要运用数据挖掘的知识得到动态的、连续性的企业信用评价。

为了应对信息的不断变化，本书以 T 作为一个周期，采取"辅助—修改—评价—辅助"的模式，如图 7-3 所示。

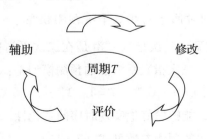

图 7-3 动态循环模式

以周期 T 作为监控周期，对影响涉农企业信用水平的信息进行监控，将得到的信息反馈给信用动态指标辅助模型，然后对动态信用指标的隶属度向量进行修正，得到新的涉农企业信用水平。如果影响涉农企业信用水平的信息变动很频繁，则 T 趋近于零。

（2）动态信用指标辅助模型。首先要建立动态的信用评价指标。农产品具有周期、季节性，在对涉农企业评价时要考虑这些因素对企业信用水平的影响，因此，需要一种过程连续的动态信用指标的构建体系。其次，通过时间序列三指数平滑模型对信用变化做预测，得到动态信用指标隶属度向量，该信用指标隶属度向量时刻反映涉农企业信用水平的变化情况。以产品周期作为判断周期，实时监控，对信用指标隶属度向量做微调。最后结合基于熵权－AHP法确定的客观静态指标权重向量，运用模糊数学综合评价法，对涉农企业的信用水平进行判断，得到涉农企业信用综合评价等级。动态指标辅助模型如图7－4所示。

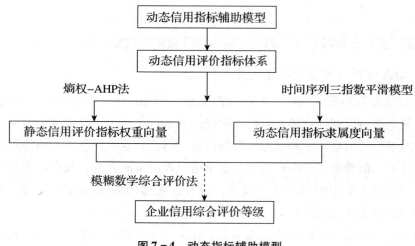

图7－4 动态指标辅助模型

2. 动态信用指标的时间序列指数平滑预测模型

（1）非线性预测模型。三次指数平滑是在二次平滑的基础上进行的，根据第二章的说明可以得到，三次指数平滑法的预测模型是：

$$\hat{y}_{t+T} = a_t + b_t T + C_t T^2, \quad T=1, 2, \cdots \quad (7-10)$$

该模型是非线性的，能够较好地实现时序的变化性，可以用来做非线性的时序预测，三次平滑预测法的预测参数见式（7－11）。

$$\begin{cases} a_t = 3S_t^{(1)} - 3S_t^{(2)} + S_t^{(3)} \\ b_t = \dfrac{\alpha}{2(1-\alpha)^2}\left[(6-5\alpha)S_t^{(1)} - 2(5-4\alpha)S_t^{(2)} + (4-3\alpha)S_t^{(3)}\right] \\ c_t = \dfrac{\alpha^2}{2(1-\alpha)^2}\left[S_t^{(1)} - 2S_t^{(2)} + S_t^{(3)}\right] \end{cases} \quad (7-11)$$

式中，$S_t^{(1)}$、$S_t^{(2)}$、$S_t^{(3)}$ 分别为一、二、三次指数平滑值；α 为加权系数；t 为预测期数，当 $t=1$，则指预测一期。由于农产品价格是具有趋势的、非线性的时间序列，更适合含有季节、周期性因素的时间序列，因此采用三次指数平滑法来预测。

（2）模糊区间估计。由于农业具有周期性和趋势性，对影响涉农企业信用水平的原始数据进行周期为 12 的季节差分，通过排除自相关和偏自相关检验，排除数据间的相关性，构成长期趋势变动线，可以建立预测模型

$$y_t = \beta_0 + \beta_1 x_t + u_t \quad (7-12)$$

式中，β_0、β_1 为长期趋势变动线的预测参数；u_t 为预测模型的残差。

则在显著性水平 α 下，$E(y_t)$ 的模糊区间估计为

$$\left[\hat{y}_t - t_{\frac{\alpha}{2}} * \sqrt{\left[1 + \frac{1}{n} + \frac{x_t - \overline{x}}{\sum_{i=1}^{n}(x_i - \overline{x})^2}\right]\hat{\sigma}_u^2},\ \hat{y}_t + t_{\frac{\alpha}{2}}^{*} \sqrt{\left[1 + \frac{1}{n} + \frac{x_t - \overline{x}}{\sum_{i=1}^{n}(x_i - \overline{x})^2}\right]\hat{\sigma}_u^2}\right]$$
$$(7-13)$$

式中，α 为置信水平；$\hat{y}_t$ 为因变量 t 时刻的预测值；$\hat{\sigma}_u^2$ 为残差 u_t 的方差；x_t 为动态信用指标 t 时刻的综合影响因子。则得到 y_t 观测值的置信水平在 α 下的模糊区间。

3. 动态信用指标隶属度向量的加权

（1）基于隶属度向量的加权方法。采取 X-12-ARIMA 季节调整加法模型，即 $P_t = T_t + S_t + C_t + R_t$，对影响涉农企业信用水平的数据进行调整，将时间序列中的长期趋势变动 T_t、季节变动 S_t、循环变动 C_t 和不规则变动 R_t 从相关的数据中剥离出来。构建了 j 个信用子指标隶属度向量函数 $(R_{1j}(t), R_{2j}(t), \cdots, R_{ij}(t), \cdots, R_{nj}(t))(j=1,2,\cdots)$，$n$ 为隶属度向量的等级数。

$$R_{ij}(t) = \begin{cases} 1, & y_t \in \boldsymbol{\Phi}_i \\ 0, & y_t \notin \boldsymbol{\Phi}_i \end{cases},\ j = (1, 2, \cdots) \quad (7-14)$$

另$(w_1, w_2, \cdots, w_j)$为j个信用子指标的加权数,则动态信用指标的综合隶属度向量为

$$\sum_{i=1}^{j} w_i(R_{1i}(t), R_{2i}(t), \cdots, R_{ni}(t)) \qquad (7-15)$$

(2) 加权隶属度向量的确定。j个信用子指标隶属度向量的模糊区间集为$\boldsymbol{\Phi}$,下面对j个信用子指标隶属度向量的模糊区间集进行说明。由模糊区间估计可以得到y_t观测值的置信水平在α下的模糊区间。则在t时刻模糊区间集为

$$\boldsymbol{\Phi} = \hat{y}_t \pm t_{\frac{\alpha}{2}} * \sqrt{\left[1 + \frac{1}{n} + \frac{x_t - \bar{x}}{\sum_{i=1}^{n}(x_i - \bar{x})^2}\right] \hat{\sigma}_u^2} \qquad (7-16)$$

而信用等级评价有n个等级,将t时刻模糊区间集$\boldsymbol{\Phi}$分为n等份,当y_t观测值落在模糊区间集$\boldsymbol{\Phi}$的等级i上,则$R_{ij}(t) = 1(y_t \in \boldsymbol{\Phi}_i)$,再用隶属度的加权方法求出动态信用指标的综合隶属度向量。

四、基于模糊数学的涉农企业信用综合评价

模糊综合评价法是一种综合评价方法,是根据模糊数学的想法把定性转化为定量的研究方法,对受到多种因素影响的事物或对象做出总体的评价。

(一) 确定评语集

信用评级是用一种简单的符号判断,给出关企业客观、公正、独立的信用评价。评语集是企业所有信用可能性的模糊等级的集合,通常评语集个数大于4但不超过10,评价一般表示为

$$V = \{v_1, v_2, \cdots, v_n\} \qquad (7-17)$$

按照国际惯例,企业的信用水平分为9个等级,即n为9。该信用评级符号为 AAA,AA,A,BBB,BB,B,CCC,CC,C。

确定评价对象的因素集U

$$U = \{u_1, u_2, \cdots, u_m\} \qquad (7-18)$$

(二) 建立模糊关系矩阵

确定单个因素对评价集V的隶属度向量,这个过程称为单因素评价法。同

理，对 m 个指标因素构建 n 个隶属度向量，进而得到模糊关系矩阵

$$R = \begin{bmatrix} r_{11} & r_{12} & \cdots & r_{1n} \\ r_{21} & r_{22} & \cdots & r_{2n} \\ \vdots & \vdots & \vdots & \vdots \\ r_{m1} & r_{m2} & \cdots & r_{mn} \end{bmatrix}$$

(7-19)

式中，$r_{ij}(i=1, 2, \cdots, m; j=1, 2, \cdots, n)$ 表示从指标 u_i 来看对 v_j 等级隶属度。一个评价对象在某个指标 u_i 上的等级权重情况是通过模糊隶属度向量 $r_i = (r_{i1}, r_{i2}, \cdots, r_{in})$ 来表现的，r_i 称为单因素评价矩阵，可以看作是因素集 U 和评价集 V 之间的一种模糊关系。

（三）定量指标隶属度的确定

在确定隶属关系时，根据定量指标对应的信息标准值进行隶属关系划分，计算各定量指标对于评判等级的隶属度。

1. 效益型指标

这类的指标大小与企业信用水平成正比例变化。例如，营业利润率指标，计算如下

$$r(x_i) = \frac{x_i - x_{ij+1}}{x_{ij} - x_{ij+1}} (x_{ij+1} < x_i < x_{ij})$$

(7-20)

式中，x_i 为指标的数值；x_{ij}，x_{ij+1} 为评判等级的边际值。
求得

$$r_{D_{ij}} = r(x_i)$$

(7-21)

$$r_{D_{ij+1}} = 1 - r_{D_{ij}}$$

其余的隶属度均为 0，若 $x_i > x_{x_{j1}}$ 或 $x_i < x_{i5}$，则 $r_{D_{i1}} = 1$ 或 $r_{D_{i5}} = 1$ 且其余的隶属度均为 0。

2. 成本型指标

这类的指标与企业信用水平成负相关。例如，资产负债率指标，计算如下

$$r(x_i) = \frac{x_{ij+1} - x_i}{x_{ij+1} - x_{ij}} (x_{ij} < x_i < x_{ij+1})$$

(7-22)

式中，x_i 为指标的数值；x_{ij}，x_{ij+1} 为评判等级的边际值。
求得

$$r_{D_{ij}} = r(x_i)$$

$$r_{D_{ij+1}} = 1 - r_{D_{ij}}$$

其余的隶属度均为 0，若 $x_i < x_{x_{i1}}$ 或 $x_i > x_{i5}$，则 $r_{D_{i1}} = 1$ 或 $r_{D_{i5}} = 1$ 且其余的隶属度均为 0。

（四）定性指标隶属度的确定

采用专家打分法，对所评对象进行打分，依据专家的主观理解和认识给予一个评价，最后统计出打分结果。根据评语集，打分的 10 位专家（3 位高校教授，3 位银行工作人员，2 位企业高管，1 位 P2P 网贷平台管理人员，1 位企业网站管理人员）对被评价企业指标层进行定性打分，通过打分计算出在各个分数段的频率，而后统计个数确定指标对应的隶属度向量。以此类推，最终确定准则层对目标层隶属度。

（五）多因素模糊评价

先确定指标模糊隶属度向量集，隶属度向量表示每个指标层相对与其隶属上一指标层的重要程度，根据上章 AHP 法得到的可得企业信用评级权重向量集确定为第一层次目标层权重集 W、第二层次准则层权重集 W_A、W_B。

用权重向量 W 将不同的隶属度向量综合，可以得到被评价者从整体上对各等级评分集的隶属程度，即模糊综合评价结果向量 Q。

模糊综合评价的模型为

$$Q = W \cdot R = (W_1, W_2, \cdots, W_m) \begin{bmatrix} r_{11} & r_{12} & \cdots & r_{1n} \\ r_{21} & r_{22} & \cdots & r_{2n} \\ \vdots & \vdots & \vdots & \vdots \\ r_{m1} & r_{m2} & \cdots & r_{mn} \end{bmatrix} = (q_1, q_2, \cdots, q_n)$$

(7-23)

式中，$q_j = (j = 1, 2, \cdots, n)$ 是由 W 与 R 的第 j 列运算得到的，表示评价对象对等级评价子集 v_j 的隶属程度，再乘以评分集 V，即 $F = Q \times V^T$，根据得分判断出涉农企业的信用级别。

第三节 P2P 网贷平台下涉农企业信用评价体系运用

基于 P2P 网贷平台的涉农企业信用评价，是从 P2P 网贷平台的角度，对涉农企业进行信用评价，考虑企业的财务信息、企业基本信息、发展模式、涉农行业市场信息、电商背景的网络交易信息等，将影响企业信用水平的因素结合起来。构建动态的信用评价体系，需要将涉农市场变化的信息加以分析处理，把影响企业信用的动态信息纳入到信用评价体系中。

由于生产产品的不同而产生差异，例如生产种子的企业，在需求旺盛时期企业效益会好，相反在冬季，企业受到淡季影响；生产化肥的涉农企业，也会和相应的作物需求相配，同样存在季节周期性，这样的动态信息会影响涉农企业信用状况。

对于农产品生产企业，季节周期特殊性，在农产品需求旺盛的期间，企业信用状况可以得到一定的保障，相反，在农产品需求淡季，会影响到农产品生产企业的发展。

对于农产品加工企业，主要农产品价格变化，变动的农产品价格会影响到加工企业的发展，这样的动态信息会影响涉农企业信用状况。

对于农产品流通企业，由于地域，消费习惯等影响物流的价格，不同区域的农产品流通企业会受到相应影响；又如从事不同农产品流通的企业，易保存的农产品和海鲜等新鲜、易腐农产品所需的物流成本也不同，这会影响相关涉农企业的信用评价。评价涉农企业的信用评价，需要将这些动态因素考虑在内，能够全面综合地评价企业信用水平。本书对农产品加工企业进行信用评价。

一、涉农企业基本状况

选取河北省 A 企业作为评价案例，综合分析了该涉农企业的信用水平。A 企业经营范围包括黄酒的生产与销售，配制酒及料酒的生产与销售，产品包装类即食食品销售，厂内蔬菜水果种植与销售，工艺美术品销售，原料设备销售等。其中黄酒的生产与销售是其主要营业收入来源。

（一）企业财务指标分析

A 企业 2015 年实现营业收入 2300 万元，同比增长 10.75%，实现净利润 750

万元，同比增长 26.89%。2015 年黄酒产量 0.44 万吨，同比增长 45%，销量增速超过黄酒收入增长。2015 年 A 企业毛利率 56.94%，同比 2014 年提升 0.45 个百分点。

（二）企业状况指标分析

A 企业员工近 460 人，占地 2000 余亩，总资产超 1.2 亿元，优质白酒生产能力达 0.55 万吨，年销售收入近 0.3 亿元、年利税 250 万元。2010 年上海世博会期间，H 型白酒荣获联合国相关机构和国际组织"千年金奖"称号。A 企业也先后被授予河北省"五一劳动奖状""省级食品优秀企业""产品质量信得过企业"等称号。2014 年 11 月 19 日，由中国酒类流通协会和中华品牌战略研究院共同主办的"华樽杯"中国酒类品牌价值评议结果在国家会议中心揭晓，A 企业在河北省酒企中排名第 32 位。

（三）企业管理创新能力指标分析

A 企业大力加强核心技术的创新力度，对于"十八酒坊的生产工艺研究与应用""植酸酶生物发酵自动控制系统""黄酒勾兑与规模控制专家系统"等高水平核心技术，拥有完全的知识产权。

（四）企业网络信息指标分析

随着市场经济改革的深入与互联网技术的发展，酒业作为典型的传统行业面临的销售竞争日益激烈，传统的促销手段效果有限，过去的大流通优势亦已不在，电商已成为酒企渠道创新的主要方向。2014 年 A 企业酒业与酒仙网及旗下 O2O 平台"酒快到"宣布达成战略合作，正式签订合作协议，A 企业宣布将携近万家终端点入驻酒仙网的 O2O 平台"酒快到"，发力电商渠道，引领冀酒渠道变革新方向。中型涉农企业与河北省 P2P 平台签订贷款合同，因此可以获得 P2P 平台上相关贷款信息，可以获取一些网络信用信息。

（五）企业涉农市场状况指标分析

河北酒业消费能力很强，预计市场规模 200 亿左右。从消费基础看，河北人口是山西的 2 倍，GDP 是山西的 2.2 倍；河北省拥有媲美安徽的黄酒消费基础，预计河北黄酒市场规模 200 亿左右。河北酒业注重新产品的开发，黄酒品种由原来几个发展到现在的 10 余个，深受广大消费者喜爱。

综上所述,河北的酒业市场呈很好的发展趋势,消费人群潜力很大,国家大力扶持河北涉农企业。而 A 企业作为河北比较不错的涉农企业,拥有一定的技术水平和相应的品牌效应,有着一定的市场占有率。

二、信用评价数据获取及指标选择

(一)涉农企业信用评价数据获取

1. 定量指标数据获得

选择三年财务指标的加权平均值作为衡量企业信用水平的基本数据。定量指标采用 2013 年 12 月 31 日 ~ 2015 年 12 月 31 日的财务报表数据,2013、2014 和 2015 年财务数据的权重分别为 0.1、0.3 和 0.6,如表 7 - 4 所示。

表 7 - 4　企业近三年的财务指标值

指标名称	定量指标综合分值 $X = 0.1X_{t-2} + 0.3X_{t-1} + 0.6X_t$	年度		
		2015 年	2014 年	2013 年
净资产收益率(%)	6.624	4.86	8.86	10.5
营业利润率(%)	6.78281	7.3357	6.0715	5.5994
成本费用利润率(%)	8.10135	8.6021	7.5865	6.6414
销售净利率(%)	3.13243	3.2127	2.8038	3.6367
流动比率	1.39	1.6597	0.9834	0.9962
速动比率	0.413	0.636	0.0857	0.0665
资产负债率(%)	54.68277	44.949	70.2517	66.3786
总资产增长率(%)	22.17459	24.9158	20.7967	9.861
营业收入增长率(%)	12.36622	10.7459	16.9996	8.188
流动资产周转率(次)	1.39958	1.3002	1.5458	1.5572
应收账款周转率(次)	147.8474	79.6604	71.3551	786.4463
存货周转率(次)	0.74871	0.7538	0.7014	0.8601
现金流动负债比率(%)	0.16042	0.2665	0.0057	- 0.0119
销售现金比率(%)	0.08667	0.1437	0.0042	- 0.0081
现金流量比率(%)	16.23384	26.9723	0.574	- 1.2174

2. 定性指标数据获得

采用模糊评价法由专家对以下的定性指标给出评价,选择10位专家(3位来自河北高校的教授,3位银行工作人员,2位A企业高管,1位河北省P2P网贷平台管理人员,1位A企业网站管理人员)进行打分,打分结果如表7-5所示。

表7-5 定性指标专家打分结果

指标名称	AAA	AA	A	BBB	BB	B	CCC	CC	C
资产总量	0	0.3	0.4	0.2	0.1	0	0	0	0
销售收入	0	0.1	0.1	0.3	0.3	0.2	0	0	0
职工数量	0.1	0.5	0.4	0	0	0	0	0	0
经营年限	0.2	0.3	0.4	0.1	0	0	0	0	0
组织制度	0	0.1	0	0.4	0.3	0.2	0	0	0
经营业绩	0	0.2	0.3	0.2	0.3	0	0	0	0
学历水平	0.3	0.2	0.3	0.1	0.1	0	0	0	0
决策能力	0	0.4	0.3	0	0.2	0.1	0	0	0
个人品质	0.4	0	0.2	0	0	0	0	0	0
文化素质	0	0.1	0.4	0.4	0.1	0	0	0	0
研发人员水平	0	0	0	0	0.2	0.4	0.4	0	0
研发资金水平	0	0	0	0.3	0.3	0.4	0	0	0
技术水平	0	0	0	0.3	0.6	0.1	0	0	0
进入壁垒	0	0	0.1	0.1	0.1	0.1	0.3	0.3	0
行业所处周期	0	0	0	0	0.4	0.3	0.3	0	0
知识产权拥有量	0	0	0	0.3	0.3	0.4	0	0	0
P2P网站信用履约情况	0	0.3	0.4	0.3	0	0	0	0	0
银行信用履约	0	0	0.1	0.4	0.5	0	0	0	0
产品网络销售比率	0	0	0.2	0.4	0.3	0.1	0	0	0
产品网络推广市场比率	0	0	0.1	0.2	0.7	0	0	0	0
在线客服服务评价情况	0.1	0.2	0.3	0.3	0.1	0	0	0	0
留言板利用率	0.3	0.2	0.2	0.2	0.1	0	0	0	0
政府支持	0.4	0.4	0.2	0	0	0	0	0	0
进入壁垒	0	0	0.1	0.1	0.1	0.1	0.3	0.3	0

(续)

指标名称	AAA	AA	A	BBB	BB	B	CCC	CC	C
行业所处周期	0	0	0	0	0.4	0.3	0.3	0	0
市场占有率	0	0	0	0.2	0.4	0.4	0	0	0
供应链稳定性	0	0.2	0.3	0.3	0.2	0	0	0	0
质量管理	0	0	0.1	0.3	0.3	0.3	0	0	0
市场拓展和销售渠道	0	0	0.3	0.4	0.3	0	0	0	0

A 企业属于中型企业,如表 7-6 所示。

表 7-6 大中小微企业划分标准

行业名称	指标名称	大型	中型	小型	微型
农、林、牧、渔业	营业收入（Y）（万元）	$20000 < Y$	$500 \leq Y < 20000$	$50 \leq Y < 500$	$Y < 50$
	从业人员（X）（人）	$1000 < X$	$300 \leq X < 1000$	$20 \leq X < 300$	$X < 20$
	资产总额（Z）（万元）	$80000 < Z$	$5000 \leq Z < 80000$	$300 \leq Z < 5000$	$Z < 300$

（二）涉农企业信用指标的选择

1. 静态信用指标的确定

涉农企业信用评价指标如表 7-7 所示,权重列是通过熵权-AHP 法得到的,第一层次目标层权重集 W,第二层次准则层权重集 W_A、W_B。

表 7-7 涉农企业信用评价指标体系

目标层	准则层		子准则层		指标层	
	指标	权重	指标	权重	指标	权重
涉农企业信用评价	a1 财务指标	0.3732	b1 获利能力	0.182	c1 净资产收益率	0.2335
					c2 营业利润率	0.2821
					c3 成本费用利润率	0.2339
					c4 销售净利率	0.2505
			b2 偿债能力	0.12	c5 流动比率	0.2907
					c6 速动比率	0.3823
					c7 资产负债率	0.3271

(续)

目标层	准则层 指标	准则层 权重	子准则层 指标	子准则层 权重	指标层 指标	指标层 权重
涉农企业信用评价	a1 财务指标	0.3732	b3 成长能力	0.32	c8 总资产增长率	0.1767
					c9 净利润增长率	0.5510
					c10 营业收入增长率	0.2723
			b4 营运能力	0.235	c11 流动资产周转率	0.4267
					c12 应收账款周转率	0.3335
					c13 存货周转率	0.2398
			b5 现金获取能力	0.143	c14 现金流动负债比率	0.2904
					c15 销售现金比率	0.4092
					c16 现金流量比率	0.3004
	a2 企业状况	0.2056	b6 企业基本状况	0.368	c17 资产总量	0.2066
					c18 销售收入	0.1903
					c19 职工数量	0.2049
					c20 经营年限	0.1765
					c21 组织制度	0.2216
			b7 领导者素质和能力	0.347	c22 经营业绩	0.2524
					c23 学历水平	0.1922
					c24 决策能力	0.2689
					c25 个人品质	0.2865
			b8 员工素质和能力	0.286	c26 年龄结构	0.2645
					c27 文化素质	0.3403
					c28 技术水平	0.3951
	a3 管理创新能力	0.159	b9 创新管理现状	0.48	c29 研发人员水平	0.5130
					c30 研发资金水平	0.4870
			b10 创新效果	0.52	c31 成果转化能力	0.5257
					c32 知识产权拥有量	0.4743
	a4 网络信息指标	0.129	b11 网络履约情况	0.544	c33 P2P 网站信用履约情况	0.4922
					c34 银行信用履约	0.5078
			b12 网络电子商务能力	0.456	c35 产品网络销售比率	0.2679
					c36 产品网络推广市场比率	0.3012
					c37 在线客服服务评价情况	0.2657
					c38 留言板利用率	0.1653

(续)

目标层	准则层		子准则层		指标层	
	指标	权重	指标	权重	指标	权重
涉农企业信用评价	a5 涉农市场状况	0.134	b13 行业状况	0.297	c39 政府支持	0.4094
					c40 进入壁垒	0.2314
					c41 行业所处周期	0.3592
			b14 市场竞争力	0.402	c42 市场占有率	0.2103
					c43 供应链稳定性	0.1873
					c44 质量管理	0.1924
					c45 市场拓展和销售渠道	0.1924
					c46 产品竞争力	0.2176
			b15 主要原材料价格指数	0.311	c47 价格趋势变动系数	0.3919
					c48 价格稳定系数	0.3323
					c49 价格敏感性系数	0.2758

RI 取值如表 7-8 所示。

表 7-8　1~17 阶平均随机一致性指标表

阶数	1	2	3	4	5	6	7	8	9	10
RI	0	0	0.52	0.89	1.12	1.16	1.36	1.41	1.46	1.49
阶数	11	12	13	14	15	16	17			
RI	1.52	1.54	1.56	1.58	1.59	1.60	1.60			

经过对比可知权重向量 W_A，W_{A1}，…，W_{B14}，通过一致性检验。

2. 动态信用指标的确定

对涉农企业 A 企业做信用评价研究，由于涉农数据具有季节、周期、趋势性等农业特性，因此采用 X-12-ARIMA 季节调整法，对影响涉农企业信用水平的数据进行调整，将长期趋势变动 T_t、季节变动 S_t、循环变动 C_t 和不规则变动 R_t 从时间序列中剥离出来。

A 企业生产的黄酒是用北方特有的黍米和小米用传统工艺法结合现代工艺水平酿制而成，因此选择主要原材料东北黍米的价格变化的情况作为影响涉农企业信用水平的重要信息。建立动态信用评价指标——主要原材料价格指数指标，从属于准则层 a5 涉农市场状况下，主要原材料价格指数分为 c47 价格趋势变动因子、c48 价格稳定系数和 c49 价格敏感性系数，如表 7-9 所示。

表 7-9 涉农企业信用评价指标的构建图

动态评价指标	权重	X-12-ARIMA 季节调整因子	动态信用评价子指标	权重
b15 主要原材料价格指数	0.31	长期趋势变动	c47 价格趋势变动系数	0.39
		季节变动	c48 价格稳定系数	0.33
		循环变动		
		不规则变动	c49 价格敏感性系数	0.28

主要原材料价格指数是反映涉农企业对原材料购进的价格判断的扩散指数，通过原材料价格指标判断涉农企业原材料的市场价格行情。价格趋势变动系数反映了原材料价格整体的变化趋势，价格稳定系数反映了主要原材料变化的稳定程度，如果该主要原材料长期趋于稳定，变动程度不大，则价格稳定系数偏小；价格敏感性系数反映了市场的随机性对主要原材料价格影响能力大小。最终的动态信用评价指标是动态信用评价子指标的加权相加的结果，即 $P_t = T_t + S_t + C_t + R_t$。

三、信用指标权重向量的确定

（一）静态信用指标隶属度向量的确定

1. 定量指标的权重向量确定

参考企业绩效标准值，根据黄酒制造业的行业均值，评价企业信用水平，制定九个信用等级的标准值，如表 7-10 所示。

表 7-10 2014 年企业绩效标准值（节选）

项 目	定性指标综合分值 $X = 0.1X_{t-2} + 0.3X_{t-1} + 0.6X_t$	优秀值	良好值	平均值	较低值	较差值
一、盈利能力状况						
净资产收益率（%）	6.624	16.9	13.2	10.6	3.1	-7
营业利润率（%）	6.78281	8.3	4.7	2	1.5	-2.1
成本费用利润率（%）	8.10135	17.5	12.3	6.9	0.6	-6.8
销售净利率（%）	3.13243	16.4	10.8	5.8	3	1.2

(续)

项　目	定性指标综合分值 $X = 0.1X_{t-2} + 0.3X_{t-1} + 0.6X_t$	优秀值	良好值	平均值	较低值	较差值
二、债务风险状况						
流动比率	1.39	1.61	1.15	0.8	0.42	0.30
速动比率	0.41396	0.16	0.104	0.072	0.053	0.03
资产负债率（%）	54.68277	50	55	60	70	85
三、经营增长情况						
总资产增长率（%）	22.17459	18.5	13	8.8	−5.3	−9.4
净利润增长率（%）	9.0385	21.9	15.8	6.2	−11.2	−21.8
营业收入增长率（%）	12.36622	23.9	18.7	7.9	1.6	−2.5
四、资产质量情况						
流动资产周转率（次）	1.3002	1.8	1.4	1.1	0.7	0.4
应收账款周转率（次）	147.8474	25.1	19	12.2	7.6	5.6
存货周转率（次）	0.74871	3.3	1.8	1.2	0.8	0.5
五、现金流量状况						
现金流动负债比率（%）	0.16042	0.39	0.21	−0.1	−0.2	−4.3
销售现金比率（%）	0.08667	0.3	0.08	−0.05	−0.31	−0.8
现金流量比率（%）	16.23384	77.8	30.6	3.6	−15.9	−34

选择三年财务指标的加权平均值作为评价企业信用水平的基本数据值，如表 7‑11 所示。定量指标采用 A 企业近三年的财务报表数据，权重分别为 0.1、0.3 和 0.6，将加权后的指标值与 2014 年企业绩效标准值进行比较，根据涉农行业的具体情况，制定 9 个信用等级的标准值。根据 m1 = 16，对定量指标 u_1，u_2，$\cdots$，u_{16} 进行隶属度判定：

例如：净资产收益率为 6.624%，净资产收益率根据式（7‑2）可得

$r_{D15} = r(x_1) = (6.85 - 6.624)/(6.85 - 3.1) = 0.06$

$r_{D16} = 1 - r_{D15} = 1 - 0.06 = 0.94$

因此可以得出该指标隶属度为：(0, 0, 0, 0, 0, 0.94, 0.06, 0, 0)。

同理，资产负债率为 54.68277%，资产负债率根据式（7‑3）可得

表 7-11 定量指标各等级参考标准值

指标类型	AAA	AA	A	BBB	BB	B	CCC	CC	C
净资产收益率（%）	16.9	15	13.2	11.9	10.6	6.85	3.1	-1.95	-7
营业利润率（%）	8.3	6.5	4.7	3.35	2	1.75	1.5	-0.3	-2.1
成本费用利润率（%）	17.5	14.9	12.3	9.6	6.9	3.75	0.6	-3.1	-6.8
销售净利率（%）	16.4	13.6	10.8	8.3	5.8	4.4	3	2.1	1.2
流动比率	1.61	1.37	1.14	0.97	0.8	0.61	0.42	0.36	0.30
速动比率	0.16	0.13	0.14	0.08	0.07	0.06	0.05	0.04	0.03
资产负债率（%）	50	52.5	55	57.5	60	65	70	77.5	85
总资产增长率（%）	18.5	15.7	13	10.9	8.8	1.75	-5.3	-7.35	-9.4
净利润增长率（%）	21.9	18.8	15.8	11	6.2	-2.5	-11.2	-16.5	-21
营业收入增长率（%）	23.9	21.3	18.7	13.3	7.9	4.75	1.6	-0.45	-2.5
流动资产周转率（次）	1.8	1.6	1.4	1.25	1.1	0.9	0.7	0.55	0.4
应收账款周转率（次）	25.1	22.0	19	15.6	12.2	9.9	7.6	6.6	5.6
存货周转率（次）	3.3	2.55	1.8	1.5	1.2	1	0.8	0.65	0.5
现金流动负债比（%）	0.39	0.3	0.21	0.06	-0.1	-0.15	-0.2	-2.25	-4

$r_{D76} = r(x_7) = (55 - 54.68277)/(55 - 52.5) = 0.13$

$r_{D77} = 1 - r_{D76} = 1 - 0.13 = 0.87$

因此可以得出该指标隶属度为：$(0, 0.13, 0.87, 0, 0, 0, 0, 0, 0)$。

根据上述指标隶属度的计算方法，得到定量指标隶属度向量 $[r_{ij}]_{16 \times 9}$，分析企业所有定量指标，得到指标层各个指标所对应的相关等级的隶属度，如表 7-12 所示。

表 7-12 定量指标隶属度向量

指　标	隶属度向量（AAA, AA, A, BBB, BB, B, CCC, CC, C）
净资产收益率	(0, 0, 0, 0, 0, 0.94, 0.06, 0, 0)
营业利润率	(0.16, 0.84, 0, 0, 0, 0, 0, 0, 0)
成本费用利润率	(0, 0, 0, 0.44, 0.56, 0, 0, 0, 0)
销售净利率	(0, 0, 0, 0, 0.09, 0.91, 0, 0, 0)
流动比率	(0.05, 0.95, 0, 0, 0, 0, 0, 0, 0)
速动比率	(1, 0, 0, 0, 0, 0, 0, 0, 0)

(续)

指标	隶属度向量（AAA, AA, A, BBB, BB, B, CCC, CC, C）
资产负债率	(0, 0.13, 0.87, 0, 0, 0, 0, 0, 0)
总资产增长率	(1, 0, 0, 0, 0, 0, 0, 0, 0)
净利润增长率	(0, 0, 0, 0.59, 0.41, 0, 0, 0, 0)
营业收入增长率	(0, 0, 0, 0.83, 0.17, 0, 0, 0, 0)
流动资产周转率	(0, 0, 1, 0, 0, 0, 0, 0, 0)
应收账款周转率	(1, 0, 0, 0, 0, 0, 0, 0, 0)
存货周转率	(0, 0, 0, 0, 0, 0.66, 0.34, 0, 0)
现金流动负债比率	(0, 0.68, 0.32, 0, 0, 0, 0, 0, 0)
销售现金比率	(0, 0.06, 0.94, 0, 0, 0, 0, 0, 0)
现金流量比率	(0, 0, 0, 0.94, 0.06, 0, 0, 0, 0)

2. 定性指标的权重向量确定

采用模糊评价法由专家对以下的定性指标给出评价，选择10位专家（3位河北高校的教授，3位银行工作人员，2位A企业的高管，1位河北省P2P网贷平台管理人员，1位A企业网站管理人员进行打分）。根据$m2=30$，10位专家对定性指标在不同等级上的权重进行判断，得到定性指标隶属度向量$[r_{ij}]_{30\times 9}$。

（二）动态信用指标隶属度向量的确定

1. 主要原材料价格的时间序列指数平滑预测模型

A企业采用东北黍米为主要原料生产，要求颗粒饱满、无霉变、杂质比例低于3%、含水量14%以下。选择2010年1月～2016年6月辽宁沈阳粮食批发市场的优质酿酒黍米的价格，如表7-13所示。

表7-13 高粱米价格情况 （单位：元/斤）

年度	第一季度	第二季度	第三季度	第四季度
2010年	1.32	1.3	1.45	1.4
2011年	1.4	1.3	1.36	1.3
2012年	1.52	1.54	1.58	1.57
2013年	1.67	1.72	1.8	1.65

(续)

年度	第一季度	第二季度	第三季度	第四季度
2014 年	1.05	1.1	1.36	1.25
2015 年	1.1	1.18	1.3	1.21
2016 年	1.35	1.3		

黍米是我国主要的农作物之一，A 企业采用北方特有的黍米和小米为主要原料进行生产，因此东北黍米的价格波动对该企业影响很大，由表 7-13 可知，2014 年之前黍米的价格持续上升，而从 2015 年之后价格有很大的跌势，主要原因是酿酒行业不景气和进口黍米趋势加大，导致国内的黍米价格大幅下跌；第三季度是国产黍米价格的上涨期，主要原因是各地酒企在这个时候储备开机，以满足春节的大量黄酒消耗。

对黍米价格进行三次指数平滑预测，将平滑指数取 $\alpha = 0.44$ 时，预测标准差为 0.2033，该标准差是最小值，即

$$\hat{\sigma}_y = \sqrt{\frac{1}{n-1}(y_t - \hat{y}_t)^2} = 0.2033$$

预测结果如表 7-14 所示。

表 7-14 三次指数平滑法预测表 （单位：元/斤）

年度	季度	观测值	三次指数平滑值	预测值
2010	第一季度	1.32	1.3535	1.3567
	第二季度	1.3	1.3466	1.3083
	第三季度	1.45	1.3506	1.2762
	第四季度	1.4	1.3591	1.4764
2011	第一季度	1.4	1.3684	1.4435
	第二季度	1.3	1.3682	1.4206
	第三季度	1.36	1.3657	1.2752
	第四季度	1.3	1.3582	1.3316
2012	第一季度	1.52	1.3667	1.2741
	第二季度	1.54	1.3893	1.5623
	第三季度	1.58	1.4213	1.6343
	第四季度	1.57	1.4545	1.6671

（续）

年度	季度	观测值	三次指数平滑值	预测值
2013	第一季度	1.67	1.4927	1.6259
	第二季度	1.72	1.5354	1.7242
	第三季度	1.8	1.5839	1.7855
	第四季度	1.65	1.6192	1.874
2014	第一季度	1.05	1.5892	1.6607
	第三季度	1.36	1.4559	0.7821
	第四季度	1.25	1.403	1.2367
2015	第一季度	1.1	1.3477	1.2408
	第二季度	1.18	1.3004	1.0577
	第三季度	1.3	1.2739	1.1496
	第四季度	1.21	1.2565	1.3472
2016	第一季度	1.35	1.2557	1.2605
	第二季度	1.3	1.262	1.4141
	第三季度			1.3601
	第四季度			1.4071

可以看到，预测 2016 年第三季度和第四季度的黍米价格分别为：

$$\hat{y}_{26+1} = a_{26} + b_{26} + c_{26} = 1.3601, \hat{y}_{26+2} = a_{26} + 2b_{26} + 2^2 c_{26} = 1.4071$$

预测值呈现周期性变化，2016 年第一季度和第二季度的误差分别为 -6.63% 和 8.78%，均未超过 10%，可预测短期的价格变化趋势、确定隶属度向量的模糊置信区间，如图 7 - 5 所示。

2. 模糊区间估计

在 $\hat{y}_{26+1}$ 点预测 1 期即 2016 年第三季度的黍米价格情况，该模糊区间估计范围是 [1.3601 - 0.2528, 1.3601 + 0.2528] = [1.1043, 1.6129]。

若评价 2016 年观测值第二季度的黍米价格情况，则该模糊区间估计范围是 [1.4141 - 0.2501, 14141 + 0.2501] = [1.1640, 1.6642]，即为隶属度向量的模糊区间集为 $\boldsymbol{\Phi}$。

3. 动态信用指标隶属度向量的加权

要建立动态信用指标的隶属度向量，需要知道某期的预测期和该期的观测值，

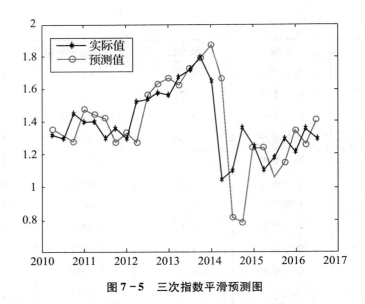

图 7-5 三次指数平滑预测图

因此可以确定该期的隶属度向量,本书确定 2016 年第二季度的涉农企业信用水平情况。

本书构建了 3 个信用子指标,2016 年第二季度的预测期和该期的观测值分 1.4141 和 1.3,其中第一个信用子指标价格趋势变动系数的隶属度向量函数 $(R_{11}(t), R_{21}(t), \cdots, R_{91}(t))$,隶属度向量的模糊区间集为 Φ,模糊区间集为 Φ 如图 7-6 所示。

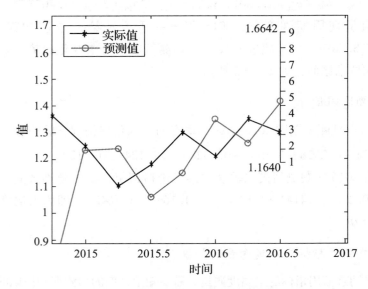

图 7-6 动态信用指标隶属度向量的确定图

将模糊区间集为 Φ 划分为9等份，表示9个等级水平，看观测值落在预测值模糊区间估计范围的哪个区间里。

当 $R_{ij}(t) = \begin{cases} 1, & yt \in \Phi_3 \\ 0, & yt \notin \Phi_3 \end{cases}$，$j = (1, 2, \cdots, 9)$，则第一个信用子指标价格趋势变动系数的隶属度向量为 (0, 0, 1, 0, 0, 0, 0, 0, 0)。同理，第二个信用子指标价格稳定系数的隶属度向量为 (0, 0, 0, 0, 1, 0, 0, 0, 0)，第三个信用子指标价格敏感性系数的隶属度向量为 (0, 1, 0, 0, 0, 0, 0, 0, 0)，本书主要研究主要原材料价格长期趋势的模糊隶属度向量的构建。

再用隶属度的加权方法求出动态信用指标的综合隶属度向量：评价主要原材料价格指数 b15 的隶属度向量，其中 $W_{B15} = (0.3919, 0.3323, 0.2758)$，则动态信用指标主要原材料价格指数隶属度向量为：

$$Q_{Bi} = W_{B15} \cdot R = (0.3919, 0.3323, 0.2758) \begin{bmatrix} 0 & 0 & 1 & 0 & 0 & 0 & 0 & 0 & 0 \\ 0 & 0 & 0 & 0 & 1 & 0 & 0 & 0 & 0 \\ 0 & 1 & 0 & 0 & 0 & 0 & 0 & 0 & 0 \end{bmatrix}$$

$$= (0, 0.2758, 0.3919, 0, 0.3323, 0, 0, 0, 0)$$

（三）合信用指标隶属度向量的确定

静态信用指标权重向量为 $[r_{ij}]_{46 \times 9}$，动态信用指标隶属度向量为 $[r_{ij}]_{3 \times 9}$，将两个矩阵向量组合，得到综合模糊关系隶属度向量矩阵为 $R = [r_{ij}]_{3 \times 9}$。

四、运用模糊数学综合评价法评价企业信用分数

（一）涉农企业模糊综合评价向量的确定

根据上文的模糊综合评价法的构建方法进行模糊评价：

1. 一级模糊综合评价

按照公式 $Q_{Bi} = W_{Bi} \cdot R$ 得到一级隶属度评价向量，其中 i = 1 ~ 14

评价获利能力 b1 的隶属度向量，其中 $W_{B1} = (0.2335, 0.2821, 0.2339, 0.2505)$，获利能力的隶属度向量为：

$Q_{B1} = W_{B1} \cdot R = (0.2335, 0.2821, 0.2339, 0.2505) \times$

$$\begin{bmatrix} 0.00 & 0.00 & 0.00 & 0.00 & 0.00 & 0.94 & 0.06 & 0.00 & 0.00 \\ 0.16 & 0.84 & 0.00 & 0.00 & 0.00 & 0.00 & 0.06 & 0.00 & 0.00 \\ 0.00 & 0.00 & 0.00 & 0.00 & 0.00 & 0.09 & 0.91 & 0.00 & 0.00 \end{bmatrix}$$

$$= (0.0451, 0.237, 0, 0.129, 0.131, 0.242, 0.242, 0, 0)$$

同理，得出其他子准则层指标模糊综合评价向量。

2. 二级模糊综合评价

按照公式 $Q_{Bi} = W_{Bi} \cdot R$ 得到二级隶属度评价向量，其中 i = 1~5。

评价财务指标 a1 的隶属度向量，其中 W_{AI} = (0.2138, 0.2138, 0.1655, 0.2069, 0.2000)，获利能力的隶属度向量为：

$$Q_{A1} = W_{Bi} \cdot R = (0.1821, 0.12, 0.32, 0.2353, 0.1426) \times$$

$$\begin{bmatrix} 0.0451 & 0.2370 & 0.0000 & 0.1029 & 0.1310 & 0.2420 & 0.2420 & 0.0000 & 0.0000 \\ 0.3968 & 0.3187 & 0.2846 & 0.0000 & 0.0000 & 0.0000 & 0.0000 & 0.0000 & 0.0000 \\ 0.1767 & 0.0000 & 0.0000 & 0.5511 & 0.2722 & 0.0000 & 0.0000 & 0.0000 & 0.0000 \\ 0.3335 & 0.0000 & 0.4267 & 0.0000 & 0.0000 & 0.0000 & 0.1583 & 0.0815 & 0.0000 \\ 0.0000 & 0.0246 & 0.5821 & 0.3753 & 0.0180 & 0.0000 & 0.0000 & 0.0000 & 0.0000 \end{bmatrix}$$

$$= (0.1908, 0.08491, 0.21756, 0.2486, 1, 0.1135, 0.04407, 0.0813, 0.01918, 0)$$

同理，得出其他准则层指标模糊综合评价向量。

3. 三级模糊评价向量

根据上文的模糊综合评价法的构建方法进行模糊评价，按照（4-5），$Q = W \cdot R$ 得到综合隶属度评价向量 W_A = (0.3732, 0.2056, 0.1584, 0.1291, 0.1338)。

涉农企业信用等级隶属度向量为：

$$Q = W \cdot R = (0.3732, 0.2056, 0.1584, 0.1290, 0.1338) \times$$

$$\begin{bmatrix} 0.1908 & 0.0849 & 0.2176 & 0.2486 & 0.1135 & 0.0441 & 0.0813 & 0.0192 & 0.0000 \\ 0.0804 & 0.2204 & 0.2340 & 0.1720 & 0.2046 & 0.0811 & 0.0076 & 0.0000 & 0.0000 \\ 0.0000 & 0.0000 & 0.0000 & 0.1988 & 0.3027 & 0.0400 & 0.0985 & 0.0000 & 0.0000 \\ 0.0347 & 0.1197 & 0.2244 & 0.3186 & 0.2905 & 0.0122 & 0.0000 & 0.0000 & 0.0000 \\ 0.0651 & 0.0877 & 0.1219 & 0.1495 & 0.2353 & 0.1900 & 0.1228 & 0.0276 & 0.0000 \end{bmatrix}$$

$$= (0.1009, 0.1042, 0.1746, 0.2207, 0.2013, 0.1235, 0.0639, 0.0109, 0)$$

（二）涉农企业综合评价分数

将涉农企业信用等级隶属度向量分数化，引入等级模糊评分集 $V = [95，85，75，65，55，45，35，25，15]$，每个分数代表了相应等级的分数。

由综合评价分数，得出 A 企业信用等级综合评价分数：

$$F = Q \times V^T = (0.1009，0.1042，0.1746，0.2207，0.2013，0.1235，0.0639，0.0109，0) \begin{bmatrix} 95 \\ 85 \\ 75 \\ 65 \\ 55 \\ 45 \\ 35 \\ 25 \\ 15 \end{bmatrix} = 62.173$$

因此 A 企业信用综合评价分数为 62.173 分。

五、涉农企业综合信用等级与评价

参考国际等级符号含义，A 企业信用综合评价分数为 62.173，较为靠近 BBB 等级，综合评价为 BBB 等级，信用状况一般。

第八章
提升中小企业网络融资水平的建议

第一节　信息不对称条件下中小企业融资建议

中小企业与银行等金融机构之间存在着非常严重的信息不对称问题。运用博弈论的知识进行博弈分析后可知,信息不对称条件下中小企业很难获得银行贷款。即使获得贷款,通常也需要经过复杂的贷款程序并花费高额的手续费,从而使中小企业陷入融资难、融资贵的两难境地。因此,为了解决融资问题就需要优化中小企业融资方式的选择策略以节约时间成本以及融资成本。同时,还需要根据中小企业融资现状、问题从宏观层面提出优化中小企业内、外部融资环境的策略。

一、中小企业融资方式选择优化

（一）企业应首先选择内源融资

内源融资具有风险小、操作简便且成本低的特点。外源融资对中小企业来说不仅获得难度大而且成本较高。所以中小企业应首先选择内源融资方式作为企业资金来源的途径。

通过博弈分析可知,由于存在着严重的信息不对称问题,银行一般不信任中小企业,这导致银行提高了对中小企业的贷款审批标准,使双方之间形成了（不授信、不守信）的博弈均衡。在此均衡下,即使中小企业申请借款时能够提供抵押品和担保品,通常也会由于银行的信贷配给被拒之门外。我国的资本市场准入条件对于中小企业来说过于苛刻,仅就信息披露的要求,中小企业就无法满足。另外,虽然民间借贷操作简便且交易成本低,但是我国的民间借贷自古就有"高利贷"之称，顾名思义就是利率很高，一些经营效益低的中小企业取得的利润甚至都无法偿还高额的利息费用，因此选择丢弃企业和债务而逃亡的业主也比比皆是。除去资本市场融资，内源融资、银行贷款以及民间借贷都是中小企业的主要融资方式。综合融资成本与融资的难易程度来看，内源融资的确是中小企业的最佳融资方式。因此，在信息不对称条件下，企业存在内部积累资金时，中小企业应该首先选择内源融资方式。

在当前严峻的宏观经济形势下，企业面临着需求不足、销售下降、成本上升、利润降低以及内源积累难以获得的情况。内源融资成本低、风险低、获取程序简单，企业仍将内源融资作为首选的融资方式。

（二）企业应加大民间资本融资规模

由于中小企业通常与民间资本所有者之间存在着稳定的交易关系，所以大多数中小企业与民间资本投资者之间通常不存在信息不对称现象。通过民间投资者与中小企业的信用形成静态博弈分析得到的二者之间（授信、守信）博弈均衡解可知，即使中小企业不能提供担保品或是借助担保机构，也能从民间投资者处获得贷款。通过民间投资者与中小企业的信用形成动态博弈分析得到的博弈均衡解（授信、惩罚、守信）可知，由于信誉约束机制，中小企业不会冒损失信誉的风险而违约。在此情况下，民间投资者会借款给中小企业。中小企业向民间投资者借款不仅可以节约贷款审批的时间，还可以节约银行贷款中各种手续费带来的融资成本。虽然向民间投资者贷款利率稍高，但通常低于向银行贷款的融资成本。

由于银行严格的违约治理机制，一旦中小企业所借资金超过偿还期限，就会陷入降低信用水平以及缴纳滞纳金的困局，并且不良信用记录会使企业日后向正规金融机构贷款更加困难。由于稳定交易关系的存在，民间投资者对企业的信用状况比较了解，到期时即使企业不能及时偿还资金，也会适当延长偿还期限。民间投资者也不会要求中小企业进行信息披露，这可以节约企业的信息披露成本并降低由信息披露带来的企业信息泄露的风险。综合来看，针对中小企业规模小、财务制度不健全、信息披露程度低的特点，中小企业应该提高民间资本融资比例，逐渐加大民间资本融资规模。

（三）企业应在能够提供担保时选择银行贷款

从博弈分析结果可知，在存在信息不对称问题、严格的银行贷款审批标准、银行对担保品以及担保机构较高要求的假设前提下，中小企业难以获得贷款。但银行毕竟是我国正规的金融机构，有健全的组织结构和规范的管理体制，企业应在能够提供担保时应尽量选择银行贷款。随着我国金融市场化进程的加快，商业银行以及商业银行分支机构或营业网点的规模也急剧增加。为了抢占市场，银行之间的竞争降低了民营中小企业获得贷款的难度。遍布各省市的邮政储蓄银行、农村信用联社和农村合作银行等大多处于中小企业聚集的乡镇地区，为乡镇企业以及其他中小企业获得贷款提供了便利。另外，近两年，国务院以及地方政府出台了多项旨在给予中小企业信贷支持的政策措施。这些政策旨在解决中小企业贷款难、融资难的问题，对中小企业发展极为有利，中小企业应该积极利用这些政策向银行申请贷款。

虽然民间借贷可以节约时间成本并降低交易成本，但民间借贷的利率通常高于同期银行贷款利率，甚至能高达银行贷款利率的4倍，很容易带来借款企业违约的风险，严重时甚至会影响资本市场的稳定性甚至造成经济、社会秩序的紊乱。当前我国的民间资本市场有待规范和完善，当前时期内很难成为中小企业的有效融资方式。为了交易安全，中小企业应该破除银行对企业的限制，充分利用银行的各项扶持政策，在能够提供抵押、质押以及其他担保品或借助担保机构时尽量选择银行贷款。

二、中小企业内部融资环境优化

（一）加强企业内部积累

企业内源融资是中小企业主要的资金来源，因此应加强企业的内部积累，增强企业的内源融资能力以降低由外源融资带来的交易成本以及资金成本。为了加强内部积累，企业应在市场交易活动中充分利用商业信用融资。利用商业信用几乎不花费任何成本，但应注意作为商业信用的隐性成本——商业信誉。企业应从成立初期就开始积累自己在市场交易中的商业信誉，获得供应商或销售商的信任，取得商业信用以降低营运资金的占用成本，加快营运资金流转速度。另外，企业应选择有利的股利政策以满足企业资金需求。例如，企业可以在盈利时选择剩余股利政策，该政策可以在企业需要资金进行投资时充分利用企业的未分配利润，可以使企业在几乎不花费成本的情况下获得所需资金。

（二）建立健全企业财务管理制度

中小企业一般规模都较小且资金实力薄弱、企业财务管理制度不健全、财务管理人员账务处理能力低，无法向外界提供合理准确的代表企业盈利能力、现金流量、财务状况等的信息。这使企业信用风险升高，信用评级降低，进而导致银行不良贷款率不断攀升，企业信用水平不断降低，融资成本不断升高。另外，中小企业与银行之所以会出现信息不对称现象，最主要的原因是中小企业的财务管理水平普遍较低、财务管理制度不健全。因此，当前中小企业要建立健全企业的财务管理制度，提高财务管理水平，做到财务信息透明，财务数据真实、完整和可靠，逐步培养将企业的财务报表定期报送外部审计机构进行审计的意识，提高企业财务信息的可信度，降低银企之间的信息不对称程度，建立良好的银企关系，提高中小企业的融资能力。

（三）建立健全企业信息披露制度

中小企业信息披露程度低，导致银行与中小企业之间的信息不对称程度不断增加，并引发逆向选择和道德风险问题，从而使企业融资成本被提高。在信息不对称条件下，即使中小企业能够提供不动产等抵押物、质押物，利率也会比大型企业高。为了化解信用风险，提升企业信用评级，降低企业融资成本，可对中小企业建立强制性披露的财务制度或财务预测制度，完善企业信息披露制度。强制性财务披露制度可以强制企业披露、提供其当前经营、财务等的信息，减弱银企之间的信息不对称程度。财务预测制度要求企业提供的信息反映企业未来经营状况、财务状况。如果这些信息质量可靠，将比企业财务报表披露、提供的信息更加完整、真实。投资者、债权人等利益相关者也可通过这些信息做出正确决策。如此不仅能解决中小企业与投资者之间的信息不对称问题，也能使企业的信用风险得到化解，提升企业信用评级，降低企业融资难度。

三、中小企业外部融资环境优化

（一）加快民间资本规范化进程

当前我国民间资本还处于发展阶段，分散在各类投资主体中，缺乏统一的监管制度，资金投向也有待规范。加快推进民间资本的规范化进程，不仅对实体经济的发展有利，更有利于我国民营经济发展，尤其是中小企业的发展。通过对银行与中小企业的博弈分析和民间投资者与中小企业的博弈分析可知，在中小企业不能提供担保时，只能向民间投资者进行融资。因此，中小企业将是民间资本规范化发展的最大受益者。特别是中小企业中的小微企业。大多数小微企业在无法获得银行贷款的情况下，会向民间投资者借贷。加快民间资本规范化进程，放宽我国的民间资本市场准入限制，引导和鼓励民间资本进入实体经济，扩大我国的民间投资，助推经济发展。如此以来，不仅可以解决中小企业融资问题，还可以增加税收、解决就业、调整产业结构、推动我国国民经济快速发展。因此，政府、民间投资者以及其他民间金融机构都应该加快民间资本规范化进程，扩大民间投资，发展我国的实体经济，促进中小企业的进一步发展。

（二）建立健全信贷担保体系

在信息不对称条件下，中小企业获得贷款难的重要原因之一是无法提供满足银行要求的担保品或无法获得权威担保机构的担保。因此，建立健全中小企业信贷担保体系也是在信息不对称条件下帮助中小企业解决融资问题的重要措施。

中小企业信贷担保体系一般由信贷担保公司、银行等金融机构、中央与地方政府组成。目前我国中小企业信贷担保体系的建立还处于探索阶段。加强专门为中小企业服务的信贷担保机构建设、鼓励政府建立信贷担保制度、完善信贷担保环境、解决中小企业融资难题是当前需要解决的重要问题。政府应大力推进中小企业信贷担保体系的建设，对符合条件的担保机构实施政策优惠，加大对信贷担保机构的财政资金支持引导力度，鼓励担保机构加大对中小企业担保贷款的规模，降低担保过程中对中小企业的服务收费。另外，还应鼓励中小企业间实行联保，即只需要缴纳一定的保证金，实行联保的企业就都可以从银行获得贷款。联保贷款可以帮助规模小、没有抵押物、质押物的中小企业解决贷款融资问题。通过中小企业间的联保建立信贷担保体系，强化信用观念，化解信用风险，改善企业融资环境，帮助中小企业从根本上解决融资难的问题。

（三）建立多层次资本市场体系

为扩大中小企业上市机会，深圳证券交易所相继创建了中小企业板以及创业板两个针对中小企业的资本市场板块，但是仍然有许多中小企业由于受到规模、资金以及所有制形式等的限制无法满足资本市场准入条件。许多中小企业由于信息披露程度低，与银行存在着严重的信息不对称问题，也面临民间资本成本高，无法满足其对资金的快速需求，只能转而通过进入资本市场迅速融通资金。因此，为了发展经济，降低中小企业融资难度，增加中小企业融资渠道，应该建立多层次资本市场体系，针对不同规模、不同风险水平的企业建立不同的资本市场，降低中小企业的上市门槛。针对中小企业的信息披露问题，也应该建立中小企业风险级别分析、评价机构，根据企业所披露信息以及所搜集到的信息对企业进行风险级别分类，根据不同的风险级别类型制定不同资本市场层次的中小企业准入条件。

（四）完善政策法规以加快金融体制改革

为解决中小企业融资问题，政府不仅要单方面加大对企业的财税支持力度，还要与金融机构合作加快推进金融体制改革的步伐，以使新的金融体制能解决金融机构与中小企业之间存在的各类问题。因此，政府应该完善当前促进中小企业发展的金融政策和法规，加快金融体制改革的步伐，对银行的乱收费现象加以制约。大力发展可以为地方经济服务的金融机构，构建和发展包括村镇银行、融资担保企业、融资租赁企业、小额贷款企业等机构在内的地方金融机构体系，逐步实现我国金融机构体系的多元化发展，构建和完善我国的金融监管体制，积极推进金融机构进行金融创新的进程。敦促银行改进和提升金融服务，鼓励金融机构成立信贷专贷机构，加快推进金融机构开发新型金融产品，增强对薄弱环节和重点领域的金融支持力度，解决中小企业融资问题并控制融资风险隐患，支持中小企业健康发展。

第二节 提升中小企业网络融资效率的建议

一、企业制定合理的网络融资方案

（一）投入和产出的合理配置

在进行网络融资时，涉及的投入项目有借款利率、借款信用度、历史成功次数和审核的项目数；产出项目包括借款金额、借款期限和总的投标数。中小企业应通过科学的效率评估方法，对以上投入产出项目进行合理的配置，使融资效率达到最大化。由数据分析可以看出，样本企业在网络融资投入产出配置中投入不足问题严重，应针对具体项目合理扩大投入，优化投入和产出的配比。而在河北省中小企业在与其他省份中小企业的投入产出对比中，呈现出某些投入指标相对较高而产出水平一般的情况，更加说明配置的不合理。在这种情况下，企业如用较高利率去换取较多资金往往事与愿违，企业应该注重自身的信用建设，将信用投入比例不断扩大，逐渐地降低融资利率，从而提高网络融资效率。

（二）合理高效的利用所筹资金

中小企业不仅需要在筹资过程中合理配置资源提升融资效率，还需要将资金充分利用使之发挥最大效用。中小企业进行网络融资大多因为资金周转困难而临时借用资金，而用于创业投资、扩大经营和发展网商等长期发展项目的较少，这就需要在政府积极引导下，中小企业转变经营观念，制定长远的战略目标，将筹集的资金运用到对企业未来发展有利的方面。基于样本分析，在参与网络融资的行业中，传统行业占据了半壁江山，如批发零售、餐饮旅店、制造业等，而高科技行业和新兴行业参与网络融资的份额较低。这不仅体现了这些行业发展情况较为薄弱，也表明高新技术行业并没有充分利用网络融资。改善这一情况不仅需要当地政府的鼓励与支持，还需要高新技术行业中的中小企业积极利用网络融资来带动企业发展。

二、网贷平台加强风险防范体系建设

（一）加强中小企业征信体系建设

当前，我国央行的征信数据难以满足 P2P 网贷平台的需要。央行可以提供的信用信息主要包括公民个人的基本信息和其信用卡的交易和还款记录。网络融资过程中，P2P 网贷平台需要的信用数据包括收入证明、家属身份信息、财产状况、手机清单等多达 30 余种信息种类，进而判断中小企业的信用等级。信息的获取成本成为 P2P 网贷平台最大的运营成本，这种成本最终将转嫁给融资企业，不利于中小企业提高网络融资的效率。在央行不能提供完善的信用信息的情况下，网贷平台应该积极将自身的信用信息和各个信用机构之间的信用信息进行整合，并努力将沉淀在各种 IT 系统中的大量数据挖掘出来，以最低的边际成本获取海量的客户资源、掌握海量的信息。同时，中小企业也需要不断完善自身的信用资料。只有建立起成熟完善的征信体系，才能有效降低借贷之间的违约风险、提高中小企业网络融资的效率。

（二）平台自身应杜绝不法行为

随着互联网金融业的快速发展，网络融资正在逐渐成为支持实体经济的有力支柱，但是某些网贷平台出现的不法行为，让整个网贷行业都面临着信任下降的风险。网络融资的高效率正在受到诚信问题的冲击。网贷平台应严格自律，杜绝自身的不法行为，将整个行业的信用度提高。这不仅会提高借贷者的安全性和降低其风险，更帮助网贷平台自身的成长与扩大。当前，中国的金融企业的社会责任报告不够完善，需要网贷平台积极主动地将自身财务报告或社会责任报告向社会公开，增强大众对网络借贷平台的信任度，减轻使用者对网贷平台的怀疑。同时，互联网金融行业应尽快制定自己的行业标准，规范行业的准进标准，如对网贷平台的业务范围、企业的金融经验、资金安全体系、技术水平等相关内容做出明确要求，只有符合这些硬性条件的公司才可进入网络借贷行业，只有将不法企业剔除出网贷行业，才可以有效避免"劣币驱逐良币"的现象。

（三）平台自律与监管相结合

去担保化应该成为未来监管的方向，即平台本身不为贷款者提供任何形式的担保，但这不代表平台可以对贷款者不负有责任。网贷平台首先应该保证信息的真实性，对于发布的信息必须进行严格审核。担保化是在中国本土化的表现，即平台将一部分资金作为担保金，当贷款人遇到还款风险时，先用担保金补偿风险。但这种担保形式的借贷会使得贷款者对借款企业质量的审查和对优质借贷平台的筛选变得不再积极主动和认真仔细，一味依赖于担保资金，这无疑会造成监管缺失。在监管细则没有出台的情况下，网络借贷行业应建设自律体系，将监管和自律相结合。行业内应该积极筹建相关自律组织，不仅要协调好各个相关机构之间的竞争与合作关系，让从业者特别是行业内有威信、有影响力的企业一起维护行业的健康发展。还应该在央行领导的互联网金融专业委员会的平台上积极开展行业的发展和规范讨论。

三、建立政府对网络融资的法律监管

（一）建立健全相关法律法规

到目前为止，我国还没有出台网络融资方面的相关法律，网贷平台的成立和监管仍然缺乏可依据的规章制度。我国政府应该加快制定相关法律，在明确网贷平台合法地位的同时，细化行业准进门槛，对其经营性质、营业范围、运营形式等给予明确的界定，使得网络金融行业有法可依，剔除不符合法律要求的网贷企业，有利于网络金融行业的高效发展。

在制定相关法律时，首先应该考虑网络融资的实质是民间融资的互联网化，我国网络融资仍然处于初步发展的阶段，还没有经历完整经济周期的检验。需要在制定法律时给予一定的灵活性来鼓励创新，也要制定严格规范制度来防范风险，既要保持创新灵活性从而给足发展空间，又要在监管上零容忍从而促进行业稳定发展。要设立合理的行业门槛，以规避不法企业，这需要考虑网贷平台的风控流程、风控体系、人才和团队等一系列相关问题，达不到要求就不能从事该行业。

（二）建立专业的统计监测系统

目前我国对于网络融资的监管主要由银监会负责，但是具体的监管体系还没有成型。我国政府应该设立专门的机构部门来负责对网络融资行业进行有效的监管，建立科学合理的监测指标体系，将涉及借贷风险的指标都考虑到监测体系中去，并把监测的数据归纳整理向监管部门报告。要对网络融资提出几点硬性的监管要求：首先，网络融资平台只能作为信息中介平台，不能作为一个信用中介平台；其次，对于网贷平台企业，要根据实际情况设立合理的准入门槛；再次，设立第三方资金管理机构，网贷平台只作为中介方提供信息而不参与资金活动；最后，要严厉打击非法假冒的网络融资平台，避免其抹黑整个网贷行业。要明确对互联网金融监管应持有的基本原则：首先，要根据互联网自身的特点实行有差别的监管，要保持新兴融资方式的创新性，给予其充足的发展空间；其次，要针对互联网金融的民间融资特点，充分借鉴现行的法律、规章制度及规则，逐步的细化监督管理的要求。

（三）将企业自身管理和法律监管相结合

在法律约束和政府监管下，融资企业和网贷平台还需要加强自身的管理。对于融资企业应完善其内部管理，设立部门内部关于网络融资的规章制度，严格约束自身行为，合法使用筹集的资金、按期偿还本金和利息、合理高效利用资金并有效防范风险。网贷平台更要在缺乏具体监管政策的情况下加强自律，从自身做起促进整个行业的健康发展。

第三节 加强 P2P 网贷平台风险预警的建议

为了实现互联网金融的健康发展，保护民营系 P2P 网贷平台中借款者和投资者的切身利益，结合前文阐述的理论和实证分析的结果，从政府和民营系 P2P 网贷平台两个方面提出风险预警的建议。

一、优化政府监督管理机制体制建设

（一）确定相关的监管法律法规

政府应当尽快出台相关政策和法律法规，建立 P2P 网贷平台的监管制度。对于 P2P 网贷平台，最容易触及违法犯罪的就是非法集资。对于如何在政府的监管引导下正确地发现和处理这种问题，经济活动参与者希望在政策法规中增设相关的鼓励制度。目前法律中细节性的法规制度仍然没有完善和健全，相关部门可逐渐改进和完善。

首先，应当积极地开展相关的研究和立法工作，充分认识信用评估的重要性，对出资人、P2P 网贷平台、银行等主体做出清晰界定；其次，尽快建立各个主体之间相互配合、相互协调的网络贷款共享体系，尽可能做到信用数据共享、失信惩戒机制信息共享等；最后，构建信用数据监管体系，加强监管和检查力度，规范网络贷款的各个环节，完善失信惩戒机制。

在拟定相关法律法规时，首先，应该从源头上进行控制。对于 P2P 网贷平台而言，尤其是民营系 P2P 网贷平台，必须从行业进入标准上实施监管，既不能制定标准过高，影响了调动民间资本的积极性，又不能制定过低，使民营系 P2P 网贷平台继续处于鱼龙混杂的局面。其次，在民营系 P2P 网贷平台运营的过程中，应该充分发挥群众的力量。现在民营系 P2P 网贷平台数量众多，应该建立奖励民众举报制度，这样既能避免监管不到位现象，也能激励 P2P 网贷平台在群众的监督下规范发展。再次，应该对民营系 P2P 网贷平台的投入资金者、借出资金者和营业范围有一定的限制。民营系 P2P 网贷平台是个风险较高的行业，对于风险承受力较小的人员，比如在校大学生等网贷借款主体应做出一定的限制；对于一些容易产生连锁反应甚至爆发金融危机的业务，比如房贷业务等也应该做出相应的限制。最后，在发现民营系 P2P 网贷平台进行违法违规的操作时，应该制定较为

严厉的惩罚措施。民营系 P2P 网贷行业是个高风险的行业，只有在犯法时受到严厉的惩罚措施，才可以促使民营系 P2P 网贷行业健康成长。

（二）完善民营系 P2P 网贷平台运作监管制度

对民营系 P2P 网贷行业的监管，应当实行全方位监视管理，即对民营系 P2P 网贷行业的全部运营过程实施监管。从民营系 P2P 网贷平台借款人向平台提交资料发布招标工作开始，到民营系 P2P 网贷平台审核相关资料文件，最后到投资人通过民营系 P2P 网贷平台投标结束为止，都需要监管部门进行监管。在借款人向平台提交审核资料时，监管部门要审查借款人提交的资料是否准确、是否符合制定的规范要求，审查民营系 P2P 网贷平台是否按照规定的法规标准对借款人是否具有偿付本息的能力进行资格审查。在民营系 P2P 网贷平台发布招标公告时，监管部门应该明确民营系 P2P 网贷平台是否公布了虚假标和夸大标等不真实标的。最后，在投资者投资标的时，监管主体应该监管民营系 P2P 网贷平台是否将其资金用于借款标的，民营系 P2P 网贷平台是否有自由资金池等违法行为。另外，监管主体在监管时，可以借鉴企业的监管思路，如引入社会上第三方监管主体会计师事务所等进行监管。

（三）建立信贷评价机制

对于民营系 P2P 网贷平台而言，最大的风险是信用风险。信用风险包括偿债能力和偿债意愿两个方面。由于 P2P 网贷平台行业成长较晚，用户的交易数据库储存的信息较少，并且构建的成本较高，因此难以仅仅依靠 P2P 网贷平台自身建立完善的信贷评价机制，需要建立政府主导的信贷评价机制。一方面，政府可以委托第三方权威机构建立完善的信贷评价机制，在借款人通过民营系 P2P 网贷平台发行标的进行筹资时，必须交付经第三方权威机构审计后出具的信用评价报告；另一方面，政府可以尝试将民营系 P2P 网贷平台的行业监督管理与央行的反映个人诚信系统的数据库结合，借款者应给予民营系 P2P 网贷平台在借款的期间内随时查询个人信用变化的权限，一旦借款者的信用发生变化，民营系 P2P 网贷平台可以迅速做出反应减小借贷风险，同时央行个人信用评价也对其资料进行补充和完善，方便第三方进行查询。

（四）完善信息披露制度

对于 P2P 网贷平台而言，应该做到公开平台相关信息，这样既可以使投资者更加准确地选择,又可以给 P2P 网贷平台增加压力,降低 P2P 网贷平台的风险。目前,大多数 P2P 网贷平台不会披露自身的财务数据,即使少有披露也无法确保数据的真实性。应该在出台的法令法规中,严格规定 P2P 网贷平台公布的财务数据。P2P 网贷平台和企业不一样,P2P 网贷平台不如企业稳定,风险发生时间较短,在 P2P 网贷平台披露信息的时间上,最好规定每月公布财务数据;在披露的内容方面,坏账率和逾期率是重点详细披露的内容。为保证披露数据的真实性,政府应该设立严格的惩罚措施,也可规定符合一定条件的 P2P 网贷平台,在每月公布财务数据时,要求权威第三方机构出具调查结果和调查意见,在公布年报时,所有的 P2P 网贷平台公布的财务数据必须附权威第三方的调查意见。

(五)完善行业自律组织管理和协会建设

政府应当协调网络借贷行业自律组织和行业协会,推动建立行业协会的信用评估体系。对不同业务范围的 P2P 网贷平台采用不同的监管标准。在相关法律法规以及监管机构空缺的情况下,可以通过行业组织协会规范企业的运营,对行业口碑和信誉好的企业进行表扬并公示。建立内部约束机制,在行业内建立 P2P 网贷行业服务标准。

二、加强 P2P 网贷平台内外部风险防控

(一)应用风险预警模型

民营系 P2P 网贷平台在经营过程中要运用风险预警模型进行风险识别,分析判断识别出相关风险,制订相应的应对方法。民营系 P2P 网贷平台企业风险较大,容易发生重大坏账、提现困难、高管失联和司法破产等问题,建立的风险预警模型,应优先关注平台的保障能力和安全能力,其次关注平台的运营能力,而后关注平台的发展潜力,最后关注平台的成长能力和风险集中度。

(二)健全企业风控机制

大量的民营系 P2P 网贷平台属于规模较小的平台,风控机制必须规范建立。首先,企业应建立风控部门,建立科学的组织架构,提升企业效率;其次,应重视风险控制人员在企业的作用和贡献,重视风险控制人员的道德素质和专业能力;最后,应重视风险控制部门出具的结果和报告,并采取相应的措施预防风险的发生,减少风险造成的危害。

(三) 加强资金管理

资金管理是民营系 P2P 网贷平台的重要管理内容。民营系 P2P 网贷平台"跑路"的主要原因就是没有建立有效的资金管理措施。民营系 P2P 网贷平台可实施资金托管制度，加强资金管理，为经营过程提供风险准备；也可加入中介性质的第三方进行担保，达到降低平台风险的目的。目前，有很多民营系 P2P 网贷平台企业为了加强资金的管理和减少风险的发生，已经采取了与第三方担保机构合作的措施，但还有很多民营系 P2P 网贷平台将资金保留在企业内部，这对资金管理没有好处，也无法达到实现规避平台风险的目的。民营系 P2P 网贷平台应主动将资金投放到第三方保管，以达到科学管理资金的目的。

三、完善 P2P 网贷平台下企业信用评价的建议

P2P 网贷平台对涉农企业会员进行信用评价，构建动态的信用评价体系，能够提升 P2P 网贷平台的安全性能，高效利用社会闲散资金，弥补涉农企业资金短缺现状。应提高企业自身信用意识，增强自身信用体系建设，建立标准化评级流程。

(一) 政府建立信贷评价机制

在构建规范引导信用评估体系时，政府应当充分利用金融管理和服务手段：第一，利用银行的金融地位和账户结算管理手段，对平台账户进行有效监管，对高风险账户更应该加强监控，时刻调整信用评估；第二，充分采集银行、第三方支付机构和民间信贷的信用数据，采集在相应的金融管理下的信用信息，构建完善有效的信用评估体系；第三，探索建立信用信息系统，并在网络借贷交易中运用，尽快将网络借贷平台纳入征信系统，减少信息不对称，降低违约风险，银监会和人民银行可负责制定相关的法规政策，地方政府应充分发挥金融监管职能，协调各个部门之间的工作，将工商、工信、公安部门等统一起来，引导信用评估体系的构建。

(二) 企业确定信用评价基本流程

1. 设置标准化评级流程

信用评级是独立的、完整的体系，虽然存在地域、行业的差异，但是依然可

以构建符合行业特性的评级体系。涉农企业可以根据自身的实际情况来评价自身的信用等级，通过自身的信用评估，发现自身的不足。构建评级体系能够更好地服务涉农企业。

2. 设立涉农企业评级部门

设立专门的评级部门，及时监督企业的信用情况，做好反馈工作，辅助企业正常的经营活动。

3. 引进培养高素质专业人员

当前，信用评级机构人员的从业素质良莠不齐，也没有专业的评价系统。这种现象在小型评级机构中更为突出。涉农企业可通过设立从业资格考试开展相关培训的办法，来提升信用评级机构从业人员的整体素质。

（三）平台完善信用评价系统

我国 P2P 平台缺乏严格的信用评级机制。P2P 网贷平台的信用评价系统并不完善，必须确立规范的信用评级体系。这不仅需要确立统一的评级标准与方法，还需要根据不同行业的企业构建相应的评级体系。

1. 确立规范的涉农信用评级标准体系

建立规范的涉农信用评价体系，有效分析涉农企业的信用问题，这既有助于提高 P2P 涉农信贷的质量和管理水平，也能在一定程度上提升涉农 P2P 网贷平台的安全性。因此，确立规范的涉农信用评级标准体系具有重要的实用价值。

（1）对于每个涉农企业的借款信息，包括借款总额、期限、每月还款额、进度、年利率以及借款余额等，都要进行详细的等级划分，并结合 P2P 网贷平台电商的信用数据和具体行业对借款主体进行评价，帮助出资人了解和认识每个借款主体的信用水平。

（2）P2P 网贷平台需要进行有效信用等级的积累，建立信用数据库，结合失信惩戒机制等信息对信用数据库进行完善，构建规范且公平的信用记录，促使 P2P 网贷平台拥有更多信用等级明确的客户群体。

（3）通过借款人与出资人之间的借贷交易记录及时更新信用数据库，实现信用数据共享，持续、有效地反映每笔借贷行为，并对涉农信用评级标准体系进行反馈。

2. 提高平台审核信用信息能力

涉农企业的信用情况对 P2P 网贷平台有着重大影响，需提高审核借款人信用状况的能力。首先，P2P 网贷平台应该审核企业的财务信息、企业状况、市场状态等，并结合银行等金融机构的评价对信用水平进行评价；其次，要严格审查借款人提供的自身信息资料，以防借款人用假资料提升自身信用等级。

3. 提高信用评价动态监管能力

从 P2P 网贷平台的角度监管涉农企业的信用水平，对涉农企业的质量安全、主营农产品特性追溯、P2P 网贷平台失信惩戒机制和应急管理机制进行客观的评价。这样不仅提升了 P2P 网贷平台的安全保障能力，淘汰掉没有达到要求的涉农企业，也能对涉农企业提出要求，提高涉农企业信用能力，从而达到 P2P 网贷平台、借贷双方三赢的局面。

（1）涉农质量安全标准方面。农产品质量是保障涉农企业信用的关键因素，是政府对涉农企业产品质量安全监管的要求，也是规范涉农企业技术的要求。在涉农质量安全标准监管方面，按照农产品的类型、内容、层级进行监管，如表 8-1 所示。

表 8-1 涉农质量安全标准的监管分类与具体描述

监管分类	具体描述
按照农产品的类型	种植业相关质量安全标准，例如小麦、高粱、蔬菜等；渔业相关标准，例如鱼、蟹等；畜牧业相关质量安全标准，例如牛羊等
按照农产品内容	安全类标准：农产品安全问题在物理、化学及生物性方面危害的标准 质量类标准：农产品质量标准，包括基本标准、农业投入产出标准、农产品生产和流通标准、操作标准等
按照农产品层级	由国家、行业、地方和企业四级标准组成

通过对涉农企业的质量安全标准的监管，P2P 网贷平台可以对涉农企业提出要求，可以淘汰质量不达标或信用水平低的涉农企业。涉农企业质量安全标准为 P2P 网贷平台的信用水平提供了保障。

（2）农产品特性追溯机制。农产品的季节周期性等相关特性，使得涉农企业的信用水平处于动态的变化中。建立农产品特性追溯机制，从农产品原材料价格追溯信息、涉农业务流程、涉农动态信息采集、信息的传递共享与查询等方面分析农产品质量安全标准机制，对涉农企业的信用水平进行反馈。农产品特性追溯体系的管理体现在信息的追溯上，包括生产环节、加工环节和销售环节的追溯管理。

1）生产环节的追溯管理。农产品特性追溯体系可以针对处于追溯前端的生产环节进行有效的信息管理。由于农产品特有的周期属性，一般可通过相应的管理日志来进行信息的记录。但作为追溯的最前端其信息化程度不是很高，数据的上传往往会滞后。该阶段产地的基本信息、农资的信息、生产管理信息都可以由涉农企业信息管理人员或者个体农户通过浏览器上传至服务器，可以从源头上对农产品特性进行把握。

2）加工环节的追溯管理。加工企业一般只从事农产品的加工。由于专业化程度比较高，在这个阶段的信息也比较多，故该阶段信息化程度较高。在加工过程中，农产品的形态会发生变化，在追溯体系下对该阶段的信息传输要求很高，要求加工企业采用自身的软件结构进行信息的存储传递。

3）销售环节的追溯管理。在销售环节，不同的区域、不同产品零售点面临的客户和零售商的管理方法、信息化水平不同，在销售达成时需要上传的信息较多，所以采取的方式是将信息上传至数据中心层。

在这三个流程中，需要时时对农产品特性进行追溯，并反馈给 P2P 网贷平台涉农企业是否正常运营的信息；辅助 P2P 网贷平台用于完善涉农企业的信用等级评估体系。

（3）失信惩戒机制。失信惩戒机制是指 P2P 网贷平台通过法律、道德等手段，对其平台下的涉农企业进行监管的方式，可以达到淘汰信用不达标的涉农企业和包揽更多诚信运营的新生代涉农企业的目的。

失信惩戒机制包括奖励守信者和惩戒失信者两个方面。通过激励守信者引导企业诚实守信，通过惩戒失信者迫使企业诚实守信。当前的守信激励多数是给守信者提供发展机遇和空间，比如在借贷过程中，平台可以优先给守信者提供贷款或延长还款期限等；而对于失信者的惩戒，P2P 网贷平台可以限制其发展机会和空间范围，也可设置一些条款在贷款时间、征信额度和利率上进行调整。

失信惩戒机制具有三大功效：惩戒功效，激励功效和威慑功效。失信惩戒功能是指在失信人不清楚的前提下进行显性或隐性的失信处罚，从而有效防止失信现象的发生；激励功效能激励诚实守信的企业，可建立和完善相应的信用记录，对信用评价起辅助作用；威慑功效是指对潜在失信者产生威慑、预警的作用，从而将失信的动机消灭在萌芽状态中，以保障企业的信用行为。

（4）应急管理机制。应急管理机制是指P2P网贷平台为保证涉农企业的持续经营，建立的有效预防和应对各种突发事件、减小甚至避免突发事件造成的危害、保证涉农企业能够正常经营的制度方法。P2P网贷平台可以通过综合性评估采取相关措施，从而减少重大突发事件的产生，以最大限度地减轻突发性的影响。

参 考 文 献

[1] YUNUS M, JOLIS A. The Banker to the Poor [M]. Bangladesh: Foreign literature, 2006: 45 – 61.

[2] AGARWAL S, HAUSWALD R. Bank Branch Presence and Access to Credit in Low-to-Moderate Income Neighborhoods [J]. Journal of Finance, 2008 (43): 1 – 19.

[3] Steelmann. Corporate, Finance and Investment Decisions When Firms Have Information That Investor Do Not Have [J]. Journal of Financial Economics, 2006 (13): 37 – 38.

[4] HERZENSTEIN M, DHOLAKIA U, ANDREWS R. Strategic Herding Behavior in Peer-to-peer Loan Auctions [J]. Journal of Interactive Marketing, 2011, 25 (1): 27 – 36.

[5] AGARWAL S, HAUSWALD R. Distance and Private Information in Lending [J]. Review of Financial Studies, 2010, 23 (7): 2757 – 2788.

[6] SONENSHEIN S, HERZENSTEIN M, DHOLAKIA U. How accounts shape lending decisions through fostering perceived trustworthiness [J]. Organizational Behavior & Human Decision Processes, 2011, 115 (1): 69 – 84.

[7] MOLLICK E. The Dynamics of Crowdfunding: Determinants of Success and Failure [J]. Journal of Business Venturing, 2014 (1): 1 – 16.

[8] DONALD J. A Risk-Factor Model Foundation for Ratings-based Bank Capital Rules [J]. SSRN Electronic Journal, 2016 (12): 199 – 232.

[9] GARMAN S, HAMPSHIRE R, KRISHNAN R. Person-to-Person Lending: The Pursuit of (More) Competitive Credit Markets [J]. Political Economy, 2008 (115): 403 – 446.

[10] BHARATH S, PASQUARIELLO P, WU G. Does Asymmetric Information Drive Capital Structure Decisions? [C]. AFA 2008 New Orleans Meetings Paper, 2009: 79 – 86.

[11] COLLIER B, HAMPSHIRE R. Sending mixed signals: Multilevel reputation effects in peer-to-peer lending markets [C]. Acm Conference on Computer Supported Cooperative Work. ACM, 2010.

[12] HERZENSTEIN M, SONENSHEIN S, DHOLAKIA U. Tell Me a Good Story and I May Lend You Money: The Role of Narratives in Peer-to-Peer Lending Decisions [J]. Journal of Marketing Research, 2011, 48 (SPL): S138.

[13] LEE E, LEE B. Herding behavior in online P2P lending: An empirical investigation [J]. Electronic Commerce Researchand Applications, 2012, 11 (5): 495 – 503.

[14] KHOASE R, GOVENDER K. Enhancing small, medium and micro enterprise development: Exploring selective interventions by the Lesotho government [J]. Development Southern Africa, 2013, 30 (4 – 5): 596 – 615.

[15] Duarte, Siegel. Informed Investors and the Financing of Entrepreneurial Projects [D]. Stanford

University Working Paper, 2016 (4): 1-16.

[16] WANG Q, GENG C. Financial Ecological Environment, Ownership and Financing Efficiency of Strategic Emerging Industry [J]. Economic Survey, 2017 (3).

[17] HERZENSTEIN M, ANDREWS R, et al. The Democratization of Personal Consumer loans? Determinants of success in Online Peer-to-Peer lending communities [J]. Journal of Corporate Finance, 2008 (17): 146-152.

[18] LIN M. Peer-to-Peer Lending: An Empirical Study [J]. AMCIS Doctoral Consortium, 2009 (2): 123-128.

[19] LIN M, PRABHALA N, VISWANATHAN S. Judging Borrowers by the Company They Keep: Social Networks and Adverse Selection in Online Peer-to-Peer Lending [J]. Management Science, 2009 (2): 72-77.

[20] FREEDMAN S, JIN G. Dynamic Learning and Selection: The Early Years of Prosper.com [J]. Economic Journal forthcoming, 2010 (23): 125-129.

[21] CHEN D, HAN C. A Comparative Study of online P2P Lending in the USA and China [J]. Journal of Internet Banking & Commerce, 2012, 17 (2): 1-15.

[22] CAMPELLO M, FERRRS D, Ormazabal G. Whistleblowers on the Board? The Role of Independent Directors in Cartel Prosecutions [J]. Social Science Electronic Publishing, 2015.

[23] Sydnor, Pope. Poor Monitoring, Social Ties and Moral Hazard in Group Lending Programs: Evidence from Eritrea [J]. World Development, 2008 (33): 149-169.

[24] RAVINA N, LENSINK R and Mehrteab H. Internet Bidding for Microcredit: making it work in the developed world, conceiving it for the developing world [J]. ICT for Development dg Community, 2008 (1): 69-78.

[25] GREINER M, WANG H. The Role of Social Capital in People-To-People Lending Marketplace [J]. ICIS, 2008: 123-134.

[26] LIN MF. Peer-to-Peer Lending: An Empirical Study [J]. AMCIS Doctoral Consortium, 2009 (2): 123-128.

[27] PURO L, et al. Borrower Decision Aid for People-to-People lending. Decision Support System [J]. Financial Economics, 2010 (49): 52-60.

[28] COLLIER B, HAMPSHIRE R. Sending Mixed Signals: Multilevel Reputation Effects in Peer-to-Peer Lending Markets [C] ACM Conference on Computer Supported Cooperative Work, 2010: 197-206.

[29] PURO L, TEICH J, Wallenius H, et al. Borrower decision aid for people-to-people lending [J]. Decision Support Systems, 2010, 49 (1): 52-60.

[30] SHARMA P, GOUNDER N. Obstacles to bank financing of micro and small enterprises: empirical evidence from the Pacific with some policy implications [J]. Social Science Electronic Publishing, 2012, 19 (2): 49-75.

[31] BERGER S, GLEISNER F. Emergence of Financial Intermediaries in Electronic Markets: The Case of Online P2P Lending [J]. BuR-Business Research, 2013, 2 (1): 39-65.

[32] CASSAR G, ITTNER C, Cavalluzzo K. Alternative information sources and information asymmetry reduction: Evidence from small business debt [J]. Social Science Electronic Publishing, 2008, 59 (23): 242 – 263.

[33] LI Z, WU L, TANG H. Optimizing the Borrowing Limit and Interest Rate in P2P System: From Borrowers' Perspective [J]. Scientific Programming. August 2018: 1 – 14.

[34] MODIGLIANI F, MILLER M. The Cost of Capital, Corporate Finance and the Theory of Investment [J]. American Economic Review, 1958 (48): 261 – 297.

[35] MASULIS R. The Effects of Capital Structure Change on Firm Values: Some Estimates [J]. The Journal of Finance, 1976 (38): 107 – 126.

[36] MYERS S, MAJLUF N. Corporate, Finance and Investment Decisions When Firms Have Information That Investor Do Not Have [J]. Journal of Financial Economics, 1984 (13): 187 – 221.

[37] 陈初. 对中国"P2P"网络融资的思考 [J]. 人民论坛, 2010 (9): 55 – 57.

[38] 吴晓光, 曹一. 论加强P2P网络借贷平台的监管 [J]. 南方金融, 2011 (4): 32 – 35.

[39] 杨韵, 罗世华, 陶冶. 从建设银行与阿里巴巴的竞合关系看小微企业网络融资 [J]. 价值工程, 2013 (17): 123 – 124.

[40] 张玉明, 王子菁, 张正. 缓解小微企业融资困境的对策研究——基于网络融资模式分析 [J]. 价格理论与实践, 2015 (11): 106 – 108.

[41] 张丹. P2P网络贷款平台的盈利模式研究 [D]. 北京: 中国地质大学 (北京), 2016.

[42] 董翠倩, 王申玥. P2P网络借贷平台的风险管理分析——以拍拍贷为例 [J]. 河北企业, 2017 (2): 14 – 15.

[43] 叶斌. Bank To Business 网络融资模式——中小企业融资模式新探索 [J]. 北京邮电大学学报, 2011 (5): 45 – 46.

[44] 吉晓雨. 完善网络融资平台缓解微小企业融资难 [J]. 金融视线, 2012 (5): 45 – 51.

[45] 陈强. 基于网络的中小企业融资渠道研究 [J]. 企业研究, 2011 (16): 34 – 36.

[46] 曹立伟. 中小、微小企业的网络融资模式研究——基于建行敦煌e保通产品分析 [J]. 金融视线, 2012 (2): 71 – 72.

[47] 梁卓, 徐荣贞. 民间资本与小微企业融资难问题研究——基于P2B网络融资新模式 [J]. 会计之友, 2012 (7): 34 – 35.

[48] 梁程. 从实证角度看网络融资的发展与监管 [J]. 金融天地, 2013 (9): 35 – 44.

[49] 赵雅敬. 网络借贷缓解科技型中小企业融资难问题研究 [J]. 经济研究参考, 2014 (25): 59 – 60.

[50] 谢奉君. 电子商务平台对中小企业融资的信用担保机制分析 [J]. 经济体制改革, 2015 (5): 174 – 179.

[51] 刘征驰, 吴诗伟, 禹亦歆. 低收入群体融资选择: 团体联保贷款还是P2P网络贷款?——基于社会制裁的视角 [J]. 金融经济学研究, 2016, 31 (2): 117 – 128.

[52] 文学舟, 樊彩云. 信用担保介入对小微企业P2P网络融资行为的影响 [J]. 商业研究, 2016 (11): 1 – 7.

[53] 姚莲芳. 小微企业运用互联网金融融资的模式分析 [J]. 学习与实践, 2017 (12): 69-74.

[54] 徐志远, 吴卫东. 中小企业网络融资模式初探 [J]. 会计之友, 2008 (7): 34-35.

[55] 吴晓光. P2P: 民间借贷的阿里巴巴模式 [J]. 经理人, 2011 (7): 45-47.

[56] 梁迪. P2P 网络借贷的演进特点、风险及应对的研究述评 [J]. 商场现代化, 2014 (14): 114-115.

[57] 张肖飞, 郭锦源, 张摄. 小微企业网络融资模式研究——以阿里巴巴小额贷款为例 [J]. 南方金融, 2015 (2): 33-42+57.

[58] 黄玉英, 余克艰, 娄淑珍. 整合视角下中小企业融资效率影响因素研究 [J]. 科技进步与对策, 2015, 32 (15): 103-109.

[59] 马瑞博. 互联网金融对我国中小企业融资影响分析 [J]. 资本运营, 2014 (26): 135-136.

[60] 王重润, 孔兵. P2P 网络借贷平台融资效率及其影响因素分析——基于 DEA-Tobit 方法 [J]. 河北经贸大学学报, 2017, 38 (5): 54-60.

[61] 汤兆博. P2P 平台"跑路"事件对企业网络融资效率影响的研究 [J]. 中国商论, 2018 (14): 29-30.

[62] 高西有. P2P 网络借贷国内外理论与实践研究文献综述 [J]. 金融讲坛, 2000 (12): 22-25.

[63] 方芳, 曾辉. 中小企业融资方式与融资效率比较 [J]. 经济理论与经济管理, 2005 (4): 91-92.

[64] 肖劲, 马亚军. 中小企业融资的供求分析 [J]. 金融经济, 2004 (12): 23-26.

[65] 高学哲. DEA 与 DRF 法的整合 [J]. 运筹与管理, 2005 (2): 42-45.

[66] 聂新兰, 黄连琴. 中小上市公司融资效率问题研究综述 [J]. 工业技术经济, 2007 (10): 23-26.

[67] 杨兴全. 上市公司融资效率问题研究 [M]. 北京: 中国财政经济出版社, 2005: 78-79.

[68] 赛志刚, 张雪梅. 基于 DEA 的高速公路上市公司股权融资效率分析 [J]. 商业研究, 2009 (12): 61-62.

[69] 胡竹枝, 李明月. 中小企业融资效率评价 [J]. 华东经济管理, 2005 (2): 27-29.

[70] 胡军, 贺银娟. 西部中小企业融资问题研究 [D]. 西安: 西安建筑科技大学, 2007: 33-35.

[71] 李志刚, 迟宪良, 穆春舟. 中小企业融资效率实证分析 [J]. 工业技术经济, 2008 (9): 21-23.

[72] 常丽莉, 牛润盛. 中国上市公司融资效率的实证分析 [J]. 经济论坛, 2009 (5): 71-74.

[73] 程少贤, 郑少锋. 我国中小微企业融资现状分析 [J]. 金融视线, 2010 (5): 14-17.

[74] 李芳, 王超. 创新型中小企业融资效率评价体系构建 [J]. 统计与决策, 2014 (2): 172-175.

[75] BERGER S, GLEISNER F. Emergence of Financial Intermediaries in Electronic Markets: The Case of Online P2P Lending [J]. Journal of VHB, 2009 (2): 39-65.

[76] YUM H, LEE B, CHAE M. From the Wisdom of Crowds to my own judgment in microfinance through online peer-to-peer lending platforms [J]. Electronic Commerce Research and Applications, 2012, 11 (5): 469–483.

[77] LEE E, LEE B. Herding behavior in online P2P lending: An empirical investigation [J]. Electronic Commerce Research and Applications, 2012, 11 (5): 495–503.

[78] ROSENBLUM R, GAULT-BROWN S, Caiazza A. Peer-to-peer lending platforms: securities law considerations [J]. Journal of Investment Compliance, 2015, 16 (3): 15–18.

[79] LOUREIRO Y, GONZALEZ L. Competition against common sense [J]. International Journal of Bank Marketing, 2015, 33 (5): 605–623.

[80] FREEDMAN S, JIN G. The information value of online social networks: Lessons from peer-to-peer lending [J]. International Journal of Industrial Organization, 2017 (51): 185–222.

[81] EMEKTER R, TU Y, JIRASAKULDECH B, et al. Evaluating credit risk and loan performance in online Peer-to-Peer (P2P) lending [J]. Applied Economics, 2015, 47 (1): 54–70.

[82] CHEN X, ZHOU L, WAN D. Group social capital and lending outcomes in the financial credit market: An empirical study of online peer-to-peer lending [J]. Electonic commerce Research and Applications, 2016 (15): 1–13.

[83] CARMICHAEL D. Competition and Adverse Selection in an Online Lending Market [J]. Social Science Electronic Publishing, 2017.

[84] LIN X, LI X, ZHENG Z. Evaluating borrower's default risk in peer-to-peer lending: evidence from a lending platform in China [J]. Applied Economics, 2017, 49 (35): 1–8.

[85] YAO J, CHEN J, WEI J, et al. The relationship between soft information in loan titles and online peer-to-peer lending: evidence from RenRenDai platform [J]. Electronic Commerce Research, 2018 (1): 1–19.

[86] 赵精武. P2P 网络借贷的债权人保护问题 [J]. 法制与社会, 2013 (23): 64–66.

[87] 莫易娴. 国内外 P2P 网络借贷发展研究 [J]. 财会月刊, 2014 (16): 63–66.

[88] 马亮. P2P 网贷的风险分析及防控对策 [J]. 金融经济, 2014 (12): 3–5.

[89] 邓青. P2P 网贷模式与风险监管探讨 [J]. 财会通讯, 2014 (14): 23–24.

[90] 王丹, 马家瑞. 互联网金融 P2P 模式浅析 [J]. 现代商业, 2014 (19): 94–95.

[91] 黄薇. P2P 网贷平台营运模式及其非法集资风险探讨 [J]. 重庆科技学院学报（社会科学版）, 2015 (8): 30–32.

[92] 张成虎, 牛浩远. 基于不完全信息动态博弈的 P2P 网络借贷行为研究 [J]. 河南师范大学学报（自然科学学版）, 2015 (3): 16–20.

[93] 陈虹, 马永健. P2P 网贷行业利率定价模式研究 [J]. 当代财经, 2016 (5): 45–56.

[94] 吴庆田, 卢香, 潘彬. P2P 网贷出借人投资决策行为的影响因素及其监管要点——基于借款人信息的视角 [J]. 中南大学学报（社会科学版）, 2016, 22 (2): 107–115.

[95] 王书斌, 谭中明, 陈艺云. P2P 网贷债权市场中违约舆情的传染机制 [J]. 金融论坛, 2017, 22 (11): 56–69.

[96] 董纪昌, 王国梁, 沙思颖, 等. P2P 网贷平台信任形成机制研究 [J]. 管理学报, 2017, 14

(10): 1532 – 1537.
[97] 付晨玉,杨艳琳. 中国 P2P 网络借贷的产业规制效果分析 [J]. 经济与管理研究,2018 (7).
[98] 吴庆田,张静文. P2P 网贷平台运营效率分类评级及其影响因素研究——基于分层 DEA – Tobit 模型的分析 [J]. 商业研究,2018 (8).
[99] 张维迎. 博弈论与信息经济学 [M]. 上海:上海人民出版社,2004:4 – 15.
[100] 王秀贞. 中小企业融资与成长的关系研究 [D]. 北京:北京交通大学,2017.
[101] 于孟霞. 我国中小企业的发展现状分析 [J]. 天津经济,2013 (11):75 – 77.
[102] 王超艺. 信用评价及中小企业融资研究 [D]. 济南:山东大学,2018.
[103] 赵晖. 互联网金融模式下我国中小企业融资问题研究 [D]. 南昌:江西财经大学,2018.
[104] 侯霜. 我国中小企业融资问题研究 [D]. 苏州:苏州大学,2017.
[105] 辛欣. 当前我国民间金融与中小企业融资问题的研究 [J]. 现代营销 (下旬刊),2014 (8):89 – 90.
[106] 张闽. 新三板制度构建视角下科技型中小企业融资问题研究 [J]. 山东财经大学学报,2014 (4):107 – 112.
[107] 张冉文. 民间金融对中小企业融资问题的研究 [D]. 武汉:湖北工业大学,2017.
[108] 王成. 互联网金融模式下中小企业融资问题研究 [D]. 沈阳:沈阳大学,2017.
[109] 邹雄智. 中小企业民间融资现状,风险与路径选择 [J]. 企业经济,2018,37 (5):188 – 192.
[110] 李卫东. 企业竞争力评价理论与方法研究 [D]. 北京:北京交通大学,2007.
[111] 刘继兵. 发达国家 P2P 网络借贷监管的比较分析 [J]. 武汉金融,2014 (4):13 – 14.
[112] 李嘉昕. 黑龙江省农业中小企业融资渠道问题研究 [D]. 哈尔滨:东北农业大学,2016.